AUTORES

ANNA HELM BAXTER, JESSICA OLDFIELD,
AUDREY FITZJOHN, ORATHAY SOUKSISAVANH,
LENE KNUDSEN, SABRINA FAUDA-RÔLE,
KEDA BLACK, NATACHA ARNOULT

FOTOGRAFÍAS DE

ELISA WATSON, AUDREY FITZJOHN,
CHARLOTTE LASCÈVE, RICHARD BOUTIN,
AKIKO IDA, REBECCA GENET,
VALÉRY GUÉDÈS

COCINA VEGANA
SUPERFÁCIL
CON 3 - 6 INGREDIENTES

Librero

Índice

ACOMPAÑAMIENTOS

VERDURAS

CURRIS

PASTAS

ARROZ Y FIDEOS

HAMBURGUESAS

POSTRES

El veganismo

El veganismo es un modo de vida que excluye todo alimento animal o de origen animal. La ausencia de alimentos como la carne, el pescado, los huevos y los productos lácteos puede disuadir a más de una persona. Pero adoptar una dieta vegana no consiste meramente en «sustituir» el pollo por tofu, los huevos por chía, etc. Se trata de devolver los alimentos no transformados al centro de nuestra alimentación y de ampliar nuestro repertorio de ingredientes.

Optar por el veganismo es ante todo consumir verdaderos alimentos de temporada y optar por todo aquello que procede de las plantas: frutas, verduras, frutos secos, semillas, legumbres, brotes y cereales, para preparar con ellos unos platos riquísimos, a la vez que nutritivos.

EL PODER DE UNA DIETA DE ORIGEN VEGETAL

Las ventajas de una alimentación con más comidas sin proteínas animales son numerosas. De forma general, una dieta vegana disminuye los aportes de grasas saturadas y hormonas animales, en beneficio de las frutas y verduras frescas, que contribuyen a:
- estabilizar la glucemia
- reducir la colesterol
- favorecer la pérdida de peso
- reforzar la inmunidad
- mejorar la salud y el bienestar general

IMPORTANCIA DE LAS PROTEÍNAS

Una dieta vegana aporta una gran diversidad de perfiles de aminoácidos esenciales, que constituyen los componentes básicos de las proteínas. De 20 aminoácidos, nuestro cuerpo sintetiza 11 de forma natural. Los otros 9, llamados «aminoácidos esenciales», se encuentran en numerosos ingredientes, en particular en los alimentos veganos mencionados a continuación. Para gozar de buena salud, hay que asegurarse de consumir todos los días una mezcla de las siguientes proteínas vegetales.

- ☐ Amaranto
- ☐ Quinoa
- ☐ Trigo sarraceno
  Lentejas
- ☐ Semillas (cáñamo, chía, sésamo, calabaza, girasol, linaza)
- ☐ Espirulina
- ☐ Garbanzos
- ☐ Frutos secos (almendras, nueces, pistachos, nueces de macadamia, anacardos, cacahuetes)
- ☐ Judías (incluida la soja verde no modificada genéticamente)
- ☐ Tofu
- ☐ Tempeh

El colmado vegano

BEBIDAS VEGETALES
- [ ] Bebida de avena
- [ ] Bebida de arroz
- [ ] Bebida de almendra
- [ ] Bebida de soja
- [ ] Bebida de coco

SEMILLAS
- [ ] Semillas de chía
- [ ] Semillas de linaza
- [ ] Semillas de calabaza
- [ ] Semillas de girasol

SUSTITUTOS DE LOS HUEVOS
- [ ] Semillas de linaza molidas
- [ ] Semillas de psyllium
- [ ] Semillas de chía

SALSAS
- [ ] Tahín
- [ ] Ponzu
- [ ] Soja
- [ ] Tamari
- [ ] Mirin

PASTA
- [ ] Pasta de trigo integral
- [ ] Fideos udon
- [ ] Fideos soba
- [ ] Fideos de arroz

ARROZ
- [ ] Arroz integral
- [ ] Arroz basmati
- [ ] Arroz jazmín
- [ ] Arroz salvaje

CEREALES
- [ ] Quinoa
- [ ] Trigo sarraceno
- [ ] Cebada
- [ ] Amaranto
- [ ] Mijo
- [ ] Frikeh
- [ ] Farro
- [ ] Sémola de trigo

LEGUMBRES
- [ ] Lentejas rojas
- [ ] Lentejas verdes
- [ ] Lentejas negras «Beluga»
- [ ] Garbanzos

ACEITES (VEGETALES, DE SEMILLAS Y DE FRUTOS SECOS)
Siempre en su versión virgen extra, de primera presión en frío, la mejor calidad que existe.
- [ ] Aceite de coco
- [ ] Aceite de girasol
- [ ] Aceite de pipas de calabaza
- [ ] Aceite de oliva
- [ ] Aceite de nueces de macadamia
- [ ] Aceite de aguacate
- [ ] Aceite de almendra

CONDIMENTOS Y ACOMPAÑAMIENTOS
- [ ] Hortalizas marinadas
- [ ] Chutneys de frutas y de hortalizas
- [ ] Chucrut
- [ ] Levadura alimentaria en copos
- [ ] Algas nori

APERITIVOS

Chips de tofu

 listo en 10 minutos

 35 minutos de cocción

 para 4 personas

tofu firme
350 g

hierbas de Provenza
2 cucharaditas

aceite de oliva
2 cucharadas

levadura malteada
1 cucharadita

○ Precaliente el horno a 180 °C. Corte el tofu en lonchas finas cuadradas y extiéndalas en una sola capa sobre la bandeja del horno forrada con papel vegetal.

○ Mezcle las hierbas y la levadura con el aceite. Unte las lonchas de tofu con la mezcla. Salpimiente.

○ Hornéelo 35 minutos.

Dados de tofu al vinagre

 **listo en 10 minutos
2 horas de reposo**

 35 minutos de cocción

 para 4 personas

tofu firme
350 g

vinagre balsámico
3 cucharadas

hierbas de Provenza
1 cucharadita

sal
½ cucharadita

○ Corte el tofu en dados.

○ Mezcle el vinagre balsámico
con las hierbas y la sal.
Viértalo sobre el tofu y déjelo
reposar en la nevera 2 horas.

○ Precaliente el horno a 200 °C.
Extienda el tofu con su
marinada en una sola capa
en la bandeja del horno
forrada con papel vegetal.
Hornéelo de 30 a 35 minutos.

○ Sálelo y sírvalo enseguida.

Albóndigas de tofu y maíz

tofu firme
350 g

maíz de lata
250 g

harina
120 g

cebollino
× 10 ramitas

aceite para freír
1 litro

 listo en 15 minutos

 3 minutos de cocción

 para una docena

○ Triture el tofu y el maíz escurrido con la harina y el cebollino hasta obtener una pasta homogénea. Salpimiente.

○ Caliente el aceite en un cazo. Tome un poco de pasta con una cuchara, forme una bola y sumérjala en el aceite. Repita la operación para freír 5 albóndigas por tanda.

○ Cuente 3 minutos de fritura: las albóndigas deben quedar doradas.

○ Deje que se escurran sobre papel absorbente y sírvalas calientes.

Guacamole de tofu

 listo en 15 minutos

 4 minutos de cocción

 para 12 rebanadas de pan

tofu firme
250 g

aguacates
× 2

○ Triture el tofu con los aguacates, el zumo de limón, la guindilla molida y 12 hojas de cilantro. Salpimiente.

○ Extienda el guacamole sobre las rebanadas de pan y esparza por encima hojas de cilantro frescas.

zumo de limón
2 cucharadas

cilantro
× 1 manojo

guindilla molida
1 cucharadita

pan con semillas
× 12 rebanadas

Pesto para mojar

 listo en 15 minutos

 sin cocción

 para 4 personas

mayonesa (vegana)
80 ml

albahaca
× 1 manojo

○ Triture todos los ingredientes juntos hasta obtener una mezcla homogénea. Salpimiente.

○ Sírvalo con pequeñas rebanadas de pan o con crackers.

nueces
125 g

diente de ajo
× 1

aceite de oliva
60 ml

Crema de tomate seco

 listo en 5 minutos

 sin cocción

 para 4 personas

tomates secos en aceite
150 g

tofu sedoso
150 g

○ Escurra los tomates secos.

○ Triture todos los ingredientes
juntos hasta obtener una mezcla
homogénea. Salpimiente.

○ Sírvalo con bastones
de pan para mojar.

orégano seco
1 cucharadita

piñones
30 g

vinagre balsámico
1 cucharada

Rollitos vietnamitas

 listo en 20 minutos

 sin cocción

 para 4 personas

tofu ahumado
200 g

obleas de arroz
× 16

zanahorias
× 3

pepino
× ½

menta fresca
× 1 ramito

sésamo crudo
70 g

○ Pele las zanahorias y el pepino y córtelos en juliana. Corte el tofu en bastoncitos finos.

○ Moje una oblea de arroz en un bol de agua caliente durante 20 segundos y extiéndala en la encimera. Esparza sésamo en la línea central. Añada zanahoria, pepino, tofu y hojas de menta.

○ Cierre uno de los extremos sobre el relleno; luego doble los bordes superior e inferior hacia dentro y enróllelo.

○ Sirva los rollitos con una salsa picante.

Hortalizas en vinagre

 listo en 15 minutos

 3 minutos de cocción

 para 4 personas

hortalizas crudas
250 g

vinagre de vino blanco
150 ml

azúcar
2 cucharadas

especias
½ cucharadita

○ Lave y seque las hortalizas de su elección: rábanos, zanahorias, apio… A continuación, córtelas en daditos. Introdúzcalas en un tarro con las especias.

○ Ponga a hervir el vinagre con el azúcar en una olla y viértalo inmediatamente encima de las hortalizas.

○ Cierre el tarro herméticamente, dele la vuelta y déjelo así 12 horas. Sirva sus encurtidos a partir del día siguiente.

Albóndigas veganas

 listo en 15 minutos

 30 minutos de cocción

 para 4 personas

lentejas verdes
150 g

menta
× 6 ramitas

concentrado de tomate
1 cucharada

harina
50 g

cebolletas
× 3

aceite de oliva
3 cucharadas

○ Precaliente el horno a 180 °C. Cueza las lentejas según las instrucciones del envase.

○ Triture las lentejas con sal, pimienta y la menta y las cebolletas picadas. Añada la harina y el concentrado de tomate.

○ Forme albóndigas, rocíelas con el aceite y áselas en el horno 10 minutos.

○ Sírvalas con el arroz con tomate o los cereales con espinacas.

Falafel

 listo en 15 minutos

 20 minutos de cocción

 para 4 personas

habas peladas
400 g

ajo
× 3 dientes

○ Cueza las habas 6 o 7 minutos
con 1 cucharada de agua
y 1 de aceite.

perejil
× ½ manojo

comino molido
1 cucharadita

○ Triture las habas con las
cebolletas troceadas, los
ajos rallados, sal, pimienta,
el perejil y el comino.

○ Forme albóndigas y dórelas
en la sartén 7 u 8 minutos.

○ Sírvalo con un arroz u otro
cereal.

aceite de oliva
3 cucharadas

cebolletas
× 2

Samosas de habas y espinacas

 listo en 15 minutos

 25 minutos de cocción

 para 4 personas

pasta brick
x 8 hojas

habas peladas
200 g

espinacas
300 g

curri amarillo molido
3 cucharaditas

aceite de girasol
6 cucharadas

puré de patata
150 g

○ Precaliente el horno a 180 °C. Cueza las habas 5 minutos con un chorrito de aceite y un poco de agua. Cháfelas con un tenedor.

○ Pique las espinacas y saltéelas con un poco de aceite 5 minutos a fuego medio. Añada el curri, el puré y las habas. Salpimiente.

○ Parta una hoja de pasta brick en dos y dóblela por la mitad. Úntela con aceite.

○ Ponga una cucharada de relleno en un extremo y vaya doblando en triángulo. Haga así todas las samosas. Hornéelas de 15 a 20 minutos.

Rollitos vietnamitas con tofu

 listo en 20 minutos

 12 minutos de cocción

 para 4 personas

obleas de arroz
× 8

aguacate
× 1

rábanos
× 1 manojo

arroz integral
150 g

miso claro
1 cucharada

limas ecológicas
× 2

○ Cueza el arroz según las instrucciones del envase. Mézclelo con el miso y un poco de ralladura y zumo de lima. Sazone con pimienta.

○ Pique bien las hojas de los rábanos y corte los rábanos en bastoncitos. Corte el aguacate en láminas, úntelo con zumo de lima y salpimiéntelo.

○ Moje una oblea en agua tibia y extiéndala en un paño mojado. Ponga un poco de arroz, de aguacate, de rábano y de hojas, y enróllelo.

○ Sirva los rollitos con una salsa blanca o un chutney.

Chips de col kale

col kale
× 10 a 12 hojas

aceite de coco
30 ml

guindilla molida
1½ cucharaditas

copos de levadura
1½ cucharaditas

 listo en 5 minutos

 15 minutos de cocción

 para 2 personas

○ Precaliente el horno a 170 °C. Limpie las hojas de col, séquelas y trocéelas, sin los tallos.

○ Extiéndalas en la bandeja del horno forrada con papel vegetal. Esparza por encima la guindilla y la levadura, rocíe con el aceite y añada 1 cucharadita de sal.

○ Ase los chips en el horno 15 minutos, dándoles la vuelta cada 5 minutos, hasta que estén crujientes.

○ Deje que se enfríen un poco antes de servirlos.

Nachos frescos

chips de maíz
250 g

judías rojas cocidas
800 g

aguacate
× 1 grande

 listo en 10 minutos

 sin cocción

 para 4 personas

cilantro
× 1 ramito

guindilla verde fresca
× 1 larga

limas
× 2

○ Escurra y aclare las judías. Pique las hojas del cilantro (reserve los tallos). Trocee el aguacate. Corte fina la guindilla al bies. Ralle la piel de las limas y exprímalas.

○ Disponga los nachos en el fondo de una ensaladera.

○ Triture las judías con el zumo y la ralladura de lima, los tallos del cilantro, un cuarto de cucharadita de sal y 1 cucharadita de pimienta hasta obtener una crema homogénea. Repártala sobre los nachos y luego disponga el aguacate, las rodajitas de guindilla y el cilantro.

Pepino en vinagre

pepino
× 1

chalote
× 1

guindilla
× 1

listo en 5 minutos

10 minutos de reposo

para 4 personas

azúcar de caña
2 cucharadas colmadas

○ Pele el pepino si lo desea.
Córtelo en trozos al bies.

○ Espolvoréelo con una cucharadita de sal gorda y deje que
expulse el agua 10 minutos.

○ Corte finos el chalote y la guindilla. Seque el pepino y mézclelo
con el resto de los ingredientes.

○ Pruébelo y rectifique la
sazón si fuera necesario.

vinagre blanco o de arroz
8 cucharadas

Tortas crujientes

 listo en 15 minutos

 30 minutos de cocción

 para 6 personas

tofu firme
700 g

polenta
70 g

○ Precaliente el horno a 200 °C. Mezcle la polenta con las hierbas, el pimentón y el ajo.

hierbas de Provenza
2 cucharaditas

pimentón
½ cucharadita

○ Corte cada bloque de tofu en 3 lonchas de 1 cm de grosor. Con un molde, corte redondeles de 10 cm de diámetro en cada loncha. Reserve los retales para otra receta.

○ Unte los redondeles de tofu con el aceite. Rebócelos con la mezcla de polenta y extiéndalos en la bandeja del horno forrada con papel vegetal. Hornee las tortas 30 minutos.

ajo en polvo
1 cucharadita

aceite de oliva
2 cucharadas

SOPAS

Calabaza y almendra

 listo en 10 minutos

 25 minutos de cocción

 para 4 personas

calabaza moscada
750 g

cebolla
× 1 grande

leche de almendra
750 ml

cilantro
× unas ramitas

aceite de oliva
3 cucharadas

○ Corte la cebolla en rodajas finas. Pele la calabaza y córtela en dados grandes.

○ Caliente el aceite en una cazuela de hierro colado y rehogue las hortalizas 15 minutos, tapadas, con ½ cucharadita de sal y un poco de pimienta recién molida. Remueva de vez en cuando.

○ Vierta la leche de almendra y cueza la sopa a fuego muy lento 10 minutos. Compruebe la cocción de la calabaza antes de triturarla. Pruébela y rectifique la sazón. Sírvala con cilantro.

Brócoli, jengibre y sésamo

brócoli
750 g

cebolletas
× 5

 listo en 15 minutos

 10 minutos de cocción

 para 4 personas

caldo de verduras
× 1 pastilla

aceite de oliva
2 cucharadas

○ Separe el brócoli en ramitos y reserve uno. Corte las cebolletas en rodajitas y reserve la parte verde. Pele el jengibre y córtelo en rodajas finas.

○ Caliente el aceite en una cazuela de hierro colado y rehogue 5 minutos la parte blanca de la cebolleta con el jengibre. Añada el brócoli, la pastilla de caldo y 1 litro de agua. Cuézalo a fuego muy lento 5 minutos.

○ Triture la sopa, repártala en los boles y esparza por encima el sésamo, la parte verde de la cebolleta y el ramito de brócoli rallado.

jengibre
50 g

semillas de sésamo tostadas
2 cucharadas

Sopa de chirivía

 listo en 10 minutos

 30 minutos de cocción

 para 4 personas

chirivías
700 g

cebolla
× 1 grande

aceite de oliva
3 cucharadas

tomillo
× 3 ramitas

caldo de verduras
× 1 pastilla

chips de chirivía
× 1 paquete

○ Pele las chirivías y córtelas en dados. Corte la cebolla en rodajas finas.

○ Caliente el aceite en una cazuela de hierro colado y rehogue la chirivía y la cebolla 15 minutos, con la cazuela tapada. Salpimiente. Remueva de vez en cuando.

○ Añada 1,2 litros de agua, el tomillo y la pastilla de caldo. Cueza la sopa a fuego muy lento 15 minutos.

○ Tritúrela. Pruébela y rectifique la sazón. Sírvala con unas hojas de tomillo y los chips de chirivía esparcidos por encima.

Apionabo y manzana

 listo en 15 minutos

 25 minutos de cocción

 para 4 personas

apionabo
600 g

manzanas rojas
× 2 pequeñas

cebolla
× 1 grande

aceite de oliva
3 cucharadas

leche de almendra
750 ml

avellanas
× 50 g

○ Pele las hortalizas. Corte la cebolla en rodajas finas y el apionabo, en daditos.

○ Caliente el aceite en una cazuela de hierro colado y rehogue las hortalizas 15 minutos, con la cazuela tapada. Salpimiente. Remueva de vez en cuando.

○ Pele las manzanas y trocéelas. Échelas en la cazuela y vierta la leche de almendra. Cueza la sopa a fuego muy lento de 5 a 8 minutos. Añada un poco de agua si fuera necesario.

○ Triture la sopa y sírvala con las avellanas picadas esparcidas por encima.

Maíz y anacardos

 listo en 10 minutos

 20 minutos de cocción

 para 4 personas

mazorcas de maíz
× 4

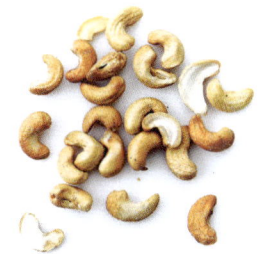

anacardos
125 g

cebolletas
× 5

aceite de oliva
3 cucharadas

leche de almendra
250 ml

○ Corte las cebolletas en rodajitas y reserve la parte verde. Rompa la base de las mazorcas y retire las hojas. Sosteniéndolas de pie sobre una tabla de cortar, corte a lo largo del troncho para separar todas las semillas.

○ Caliente el aceite en una cazuela de hierro colado y rehogue 10 minutos el maíz y la parte blanca de la cebolleta, con la cazuela tapada. Salpimiente y añada los anacardos, 750 ml de agua y la leche de almendra. Cueza la sopa a fuego muy lento 10 minutos.

○ Tritúrela y sírvala con la parte verde de las cebolletas picada.

Sopa de lentejas rojas

 listo en 5 minutos

 20 minutos de cocción

 para 4 personas

lentejas rojas
250 g

tomates
× 2

cebolla
× 1

leche de coco
600 ml

garam masala
1 buena cucharada

cilantro
½ manojo

○ Pique la cebolla y corte los tomates en dados. Ponga ambos ingredientes en una cazuela de hierro colado. Añada las lentejas, el garam masala, la leche de coco y 400 ml de agua. Cueza la sopa a fuego muy lento de 15 a 20 minutos. Salpimiente y compruebe la cocción.

○ Añada un poco de agua o de leche de coco si fuera necesario. Aparte la sopa del fuego y añada el cilantro cortado en tiritas.

Sopa de tomate

 listo en 10 minutos

 20 minutos de cocción

 para 4 personas

tomates
500 g

cebolla
x 1

aceite de oliva
2 cucharadas

albahaca
1 ramillete

caldo de verduras
1 pastilla

fideos
50 g

○ Pique los tomates y la cebolla. Corte la albahaca en tiritas. Caliente el aceite en una cazuela y sofría la cebolla 5 minutos.

○ Añada el tomate, la albahaca, la pastilla de caldo, 1 cucharadita de sal y 2 pizcas de pimienta, y cúbralo con 1 litro de agua.

○ Cuézalo 20 minutos, eche los fideos y cuézalo 3 minutos más.

Sopa india

calabaza moscada
150 g

patatas
x 2 grandes

apio
x 4 ramas

cebolla
x 1

garam masala
1 cucharada

leche de coco
400 ml

 listo en 15 minutos

 20 minutos de cocción

 para 4 personas

○ Pele la calabaza y las patatas y córtelas en daditos. Corte el apio en rodajitas y pique la cebolla.

○ Caliente 3 cucharadas de aceite de girasol en una cazuela de hierro colado. Rehogue la cebolla con el garam masala y 1 cucharadita de sal.

○ Añada las patatas y 300 ml de agua. Llévelo a ebullición, cuézalo 5 minutos y vierta la leche de coco. Añada la calabaza y el apio, y cuézalo otros 5 minutos. Pruébelo y compruebe la cocción de las verduras y la sazón.

Sopa de zanahoria al jengibre

 listo en 10 minutos

 10 minutos de cocción

 para 4 personas

puré de zanahoria
congelado
1 kg

cebolla
× 1 grande

leche de coco
700 ml

jengibre
80 g

cilantro
× ½ manojo

cúrcuma molida
1 cucharada

○ Pique la cebolla y ralle el jengibre.

○ Ponga en una olla todos los ingredientes excepto el cilantro y la cúrcuma. Sal-pimiente, llévelo a ebullición y cuézalo 10 minutos.

○ Triture la sopa con la cúrcuma. Pruébela y rectifique la sazón si hiciera falta.

○ Sírvala con el cilantro desho-jado esparcido por encima. Si prefiere una consistencia más clara, añada 150 ml de agua.

Gazpacho amarillo

tomates piña amarillos
800 g bien maduros

piña
× ½

aceite de oliva
× 2 cucharadas

 listo en 10 minutos

 sin cocción

 para 4 personas

○ Lave los tomates y quíteles la piel, que debería desprenderse con facilidad. Córtelos en trozos de tamaño regular. Corte la piña de igual modo.

○ Tritúrelo todo en la batidora con el aceite. Aderécelo con flor de sal.

○ Para obtener una versión más elegante y sabrosa, añada una punta de cuchillo de azafrán.

Gazpacho verde

pepinos
× 2

aguacates
× 2 bien maduros

cebolla
× 1

cilantro
× 1 manojo pequeño

lima ecológica
× 1 o 2

pimiento verde
× 1

 listo en 10 minutos

 sin cocción

 para 4 personas

○ Lave y deshoje el cilantro. Pele los pepinos y retire las semillas con una cuchara. Trocee los pepinos, la cebolla, los aguacates y el pimiento.

○ Reserve un poco de cilantro para el momento de servir. Ponga todos los ingredientes preparados restantes en la batidora. Añada el zumo de una lima, salpimiente y tritúrelo.

○ Pruébelo y rectifique la sazón si fuera necesario.

○ Si le apetece un gazpacho picante, añada un poco de guindilla verde.

Pho vegano

 listo en 15 minutos

 10 minutos de cocción

 para 4 personas

caldo de verduras
700 ml

tallarines de arroz
150 g

cebollino
× ½ manojo

guisantes
200 g

lima ecológica
× 1

calabacines
× 2 pequeños

○ Cueza los tallarines según las instrucciones del envase.

○ Trocee los calabacines y cuézalos 3 minutos en el caldo caliente. Eche los guisantes y cuézalo otros 2 minutos.

○ Pique el cebollino bien fino.

○ Reparta los tallarines entre 4 boles y vierta el caldo muy caliente. Reparta el calabacín y los guisantes. Esparza por encima el cebollino y coloque unas rodajas finas de lima.

Sopa de lentejas y zanahoria

 listo en 10 minutos

 25 minutos de cocción

 para 2 personas

lentejas rojas
80 g

caldo de verduras
x 1 pastilla

zanahorias
x 5

yogur vegetal
x ½

comino molido
1 cucharadita

pan integral de cereales
x 2 rebanadas finas

○ Cueza las lentejas según se indique en el envase. Escúrralas.

○ Pele las zanahorias y córtelas en rodajas. Lleve a ebullición 1 litro de agua y añada la pastilla de caldo. Eche las zanahorias y cuézalas a fuego lento 25 minutos.

○ Dore las rebanadas de pan en el horno precalentado a 180 °C.

○ Triture la zanahoria cocida con el yogur, el comino, sal y pimienta. Añada caldo hasta obtener una crema homogénea, espesa y aterciopelada. Repártala en dos boles y añada las lentejas y el pan tostado.

Sopa encebollada

 listo en 10 minutos

 5 minutos de cocción

 para 4 personas

tofu firme
100 g

cebolla roja
× ¼

zanahoria
× ½

miso blanco
1 cucharada

coles chinas
× 2 pequeñas

○ Corte la cebolla en láminas. Pele la zanahoria y córtela en juliana. Corte las coles en tiras.

○ Diluya el miso en 50 ml de agua caliente.

○ Ponga a hervir 900 ml de agua en una olla, eche la cebolla y cuézala a fuego lento 2 minutos. Añada la zanahoria y déjelo cocer a fuego lento 1 minuto más antes de añadir el tofu en dados.

○ Incorpore el miso y la col china. Cueza la sopa a fuego lento 2 minutos más. Salpimiente.

Sopa de fideos

 listo en 15 minutos

 10 minutos de cocción

 para 4 personas

tofu ahumado
180 g

miso blanco
2 cucharadas

○ Pele el ajo y píquelo. Limpie las setas, quíteles el pie y pártalas en cuatro. Corte el tofu en trozos.

fideos de arroz
150 g

mezcla de setas
250 g

○ En una olla, lleve 1 litro de agua a ebullición con el miso y el ajo. Eche los fideos, las setas y el tofu, y déjelo cocer a fuego lento 10 minutos.

○ Salpimiente la sopa y esparza por encima el cebollino picado.

diente de ajo
× 1

cebollino
× ½ ramito

ENSALADAS

Tabulé libanés

 listo en 10 minutos

 sin cocción

 para 4 personas

sémola fina
100 g

perejil
× 2 manojos

○ Lave el perejil. Pique la cebolla
y corte los tomates en dados.

cebolla
× 1

tomates
× 2 bien maduros

○ Ponga en una ensaladera
el tomate con su jugo y la
cebolla. Añada la sémola,
el zumo del limón y el aceite.
Mézclelo y resérvelo en el
frigorífico unos minutos.

○ Pique grueso el perejil
y añádalo a la sémola.
Salpimiente y remueva.

○ Deje el tabulé 5 minutos en el
frigorífico antes de servirlo.

aceite de oliva
60 ml

limón ecológico
× 1 grande

Panzanella

tomates de colores
900 g

pan de hogaza
× 4 rebanadas gruesas

albahaca
× 1 manojo

ajo
× 2 dientes pequeños

aceite de oliva
50 ml

vinagre de jerez
3 cucharadas

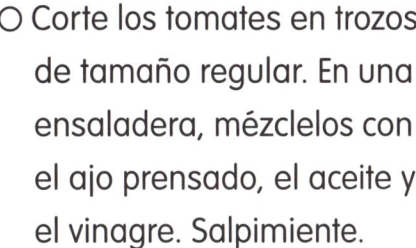 **listo en 10 minutos**

sin cocción

para 4 personas

○ Corte los tomates en trozos de tamaño regular. En una ensaladera, mézclelos con el ajo prensado, el aceite y el vinagre. Salpimiente.

○ Tueste el pan. Córtelo en dados de unos 3 cm y échelos en la ensalada junto con las hojas de la albahaca. Mézclelo bien de modo que el pan se impregne del jugo del tomate.

○ Pruébelo y rectifique la sazón si fuera necesario.

Arroz negro y espárragos

 listo en 30 minutos

 2 horas de reposo
15 minutos de cocción

 para 4 personas

Arroz negro (Nerone)
250 g

guisantes congelados
300 g

espárragos
400 g

estragón
× ½ ramito

almendras
50 g

vinagreta (receta 47)

○ Remoje el arroz 2 horas en dos veces su volumen de agua. Cuézalo 35 minutos a fuego lento, tapado. Apague el fuego y déjelo reposar 10 minutos.

○ Deseche la base de los espárragos y córtelos por la mitad a lo largo. Pique las almendras.

○ Cueza los espárragos y los guisantes 4 minutos en agua salada hirviendo. Escúrralos y sumérjalos en agua helada. Mézclelos con el arroz, las almendras y el estragón deshojado.

○ Sirva la ensalada fría, rociada con la vinagreta.

Zanahoria, aguacate y naranja

 listo en 10 minutos

 7 minutos de cocción

 para 4 personas

zanahorias tiernas
× 1 manojo

aguacates
× 2

naranjas
× 2

aceite de oliva
3 cucharadas

lima ecológica
× 1

cilantro
× 1 manojo

○ Precaliente el gratinador. Pele las zanahorias y, con un pela-patatas, córtelas en láminas finas. Alíñelas con el aceite, sal y pimienta, y remueva. Extienda la zanahoria en la bandeja del horno. Ásela 10 minutos removiendo de vez en cuando.

○ Pele las naranjas llevándose bien toda la parte blanca de la piel y córtelas en rodajas. Corte los aguacates en 8 cuñas. Deshoje el cilantro. Mezcle todos los ingredientes y rocíe con el zumo de la lima.

○ Pruébelo y rectifique la sazón si fuera necesario.

Kale y arándanos rojos

 listo en 10 minutos

 sin cocción

 para 4 personas

col kale
200 g

arándanos rojos secos
40 g

almendras
20 g

salsa de soja
2 cucharadas

○ Rompa las hojas de col kale y deseche los nervios muy duros. Amáselas bien con la salsa de soja durante 1 minuto.

○ Trocee las almendras con un cuchillo.

○ Mezcle la col kale con las almendras y los arándanos. Añada la cúrcuma a la salsa de tahín.

○ Rocíe la ensalada con la salsa y remuévala antes de servirla.

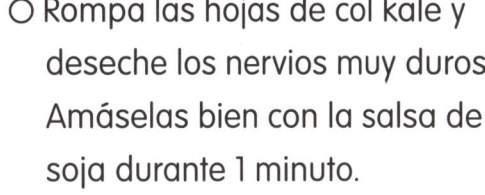

cúrcuma molida
1 cucharadita

salsa de tahín (receta 49)
x 1

Rábano y garbanzos

rábano negro
500 g

avellanas
50 g

 listo en 15 minutos

 sin cocción

 para 4 personas

sal ahumada
2 pizcas

garbanzos cocidos
400 g

○ Aclare los garbanzos, escúrralos y cháfelos un poco con un tenedor con el aceite de oliva.

○ Ralle el rábano. Trocee las avellanas.

○ Justo antes de servir la ensalada, mezcle el rábano, los garbanzos y las avellanas con la sal ahumada y 2 pizcas de pimienta.

aceite de oliva
8 cucharadas

Ensalada blanca

 listo en 15 minutos

 sin cocción

 para 6 personas

endibia
× 1

repollo
× ¼

○ Pele el apionabo y rállelo bien fino. Corte el hinojo y el repollo en rodajas finas. Corte la endibia en tiras a lo largo.

○ Rocíe las hortalizas con la salsa y remueva.

○ Sirva la ensalada espolvoreada con la levadura.

apionabo
× ¼

hinojo
× 1

levadura malteada
2 cucharadas

salsa de limón (receta 48)
× 1

Ensalada de mijo

 listo en 10 minutos

 **1 hora de reposo
10 minutos de cocción**

 para 4 personas

mijo
200 g

cebolla roja
× 1

cilantro
× 1 ramito

ras-el-hanout
1 cucharada

miel
2 cucharadas

salsa de limón (receta 48)
× 1

○ Eche el mijo en 250 ml de agua hirviendo con sal: cuézalo 10 minutos contando desde que vuelva a arrancar el hervor y luego déjelo reposar 20 minutos, tapado.

○ Mezcle el mijo con la miel, el ras-el-hanout y la salsa de limón. Salpimiente y deje que se enfríe a temperatura ambiente.

○ Deshoje el cilantro y corte la cebolla en rodajas finas. Mézclelos con el mijo. Sirva la ensalada fría.

Judías negras y aguacate

judías negras secas
200 g

aguacate
× 1

apio
× 2 ramas

perejil
× 6 ramitas

guindilla molida
2 pizcas

salsa de limón (receta 48)
× 1

 listo en 10 minutos

 **1 hora de reposo
45 minutos de cocción**

 para 6 personas

○ Ponga las judías en una olla con agua fría, llévelas a ebullición y, a los 2 minutos, interrumpa la cocción y déjelas reposar 1 hora.

○ Escurra las judías, aclárelas y sumérjalas en una cazuela con tres veces su volumen de agua. Cuézalas 45 minutos, escúrralas y aclárelas.

○ Pele el aguacate y córtelo en láminas. Corte el apio en rodajas finas. Pique el perejil.

○ Mezcle las judías con el perejil, el apio y el aguacate. Rocíe la ensalada con la salsa y espolvoree la guindilla por encima antes de servirla.

Ensalada de cebada y fruta

 listo en 10 minutos

 25 minutos de cocción

 para 4 personas

cebada perlada
160 g

pomelo rosa
× 1 grande

melocotones
× 3

lima
× 1

aceite de almendra
40 ml

menta
× 1 ramito

○ Aclare la cebada. Pele el pomelo y córtelo en láminas finas. Deshuese los melocotones y córtelos en láminas. Exprima la lima para obtener 1 cucharada de zumo. Pique bien la menta.

○ Ponga en una cazuela la cebada con una pizca de sal y 750 ml de agua. Llévelo a ebullición y luego baje el fuego y cueza la cebada de 25 a 30 minutos, hasta que esté tierna. Escúrrala y deje que se enfríe en una ensaladera.

○ Añada el resto de los ingredientes, salpimiente y mezcle bien.

Ensalada de remolacha asada

remolachas
× 4 grandes

pepino
× 1

aceite de oliva
40 ml

garbanzos cocidos
460 g

sumac
2 cucharaditas

 listo en 10 minutos

 20 minutos de cocción

 para 4 personas

○ Pele las remolachas y, con una mandolina, córtelas en rodajas de 1,5 mm. Corte el pepino en dados. Precaliente el horno a 180 °C.

○ Mezcle la remolacha con 1 cucharada con aceite y 1 cucharadita de sal. Repártala entre dos bandejas de horno forradas con papel vegetal. Hornéela 20 minutos, hasta que esté crujiente. Deje que se enfríe sobre una rejilla.

○ En una ensaladera, mezcle los otros ingredientes con 1 cucharadita de sal. Añada los chips de remolacha en el momento de servir.

Cuscús con col kale

 listo en 5 minutos

 5 minutos de cocción

 para 4 personas

sémola de trigo
400 g

col kale
× 5 hojas

anacardos
75 g

dátiles secos
45 g

pistachos sin sal
25 g

aceite de oliva
2 cucharaditas

○ Deseche los tronchos de la col y córtela en tiras finas. Trocee los anacardos y corte los dátiles en láminas.

○ En una ensaladera grande, mezcle la sémola con los dátiles y 2 cucharaditas de sal, y luego vierta 400 ml de agua hirviendo. Tápelo con film transparente y déjelo reposar 5 minutos para que la sémola se hinche.

○ Ahueque la sémola con un tenedor, y luego mézclela con el aceite, la col, los anacardos y los pistachos.

Judías verdes y naranja

 listo en 8 minutos

 7 minutos de cocción

 para 4 personas

judías verdes redondas
600 g

naranjas
× 2

pacanas
30 g

vinagre balsámico
2 cucharadas

chalote
× 1

aceite de nuez
2 cucharadas

○ Cueza las judías en agua salada hirviendo de 5 a 8 minutos. Escúrralas, sumérjalas en agua fría y vuelva a escurrirlas.

○ Pele las naranjas llevándose bien toda la parte blanca de la piel y córtelas en medias rodajas.

○ Mezcle el aceite y el vinagre con el chalote picado. Salpimiente el aliño y viértalo sobre las judías. Añada la naranja y esparza por encima las pacanas troceadas.

Tofu con chutney

 listo en 15 minutos

 25 minutos de cocción

 para 4 personas

tofu firme
500 g

pimiento rojo
× ½

cebolla roja
× 1 pequeña

tomate
× 1

chutney de mango
90 ml

espinacas tiernas
× 2 manojos

○ Corte la cebolla en láminas y el pimiento, en tiritas, y rehóguelos a fuego lento 10 minutos. Añada el tomate en dados y el chutney. Cuézalo a fuego lento 5 minutos.

○ Precaliente el gratinador del horno. Corte los bloques de tofu por la mitad de su grosor y luego en diagonal para obtener 4 triángulos. Úntelos con un poco de salsa chutney. Hornéelos 4 minutos.

○ Dele la vuelta al tofu y vuelva a untarlo. Hornéelo otros 4 minutos.

○ Sirva el tofu con las espinacas y el resto de la salsa.

Tabulé de coliflor y piña

 listo en 10 minutos

 sin cocción

 para 4 personas

coliflor
× 1 pequeña

pepino
× ½

piña
× ½

limón ecológico
× ½

menta
x ½ manojo

aceite de oliva
3 cucharadas

○ Corte el pepino y la piña en dados.

○ Limpie la coliflor, sepárela en ramitos y píquela en la picadora hasta obtener una textura de sémola. Mezcle todos los ingredientes preparados.

○ Añada el zumo de limón y la menta picada, y salpimiente.

○ Pruébelo y rectifique la sazón si fuera necesario.

Vinagreta

 listo en 5 minutos

 sin cocción

 para 1 ración

mostaza a la antigua
½ cucharada

aceite (al gusto)
6 cucharadas

○ Con el batidor de varillas, bata
todos los ingredientes con
2 pizcas de sal y de pimienta.

vinagre de jerez
½ cucharada

Salsa de limón

 listo en 5 minutos

 sin cocción

☺ **para 1 ración**

limón
× 1

aceite de oliva
6 cucharadas

○ Pique el perejil y el cebollino.
  Ralle la piel de medio
  limón y exprímalo entero.

vinagre balsámico
½ cucharada

jengibre
10 g

○ Pele el jengibre y rállelo.
  Mezcle el zumo y la ralladura
  de limón con el aceite, el vinagre,
  el jengibre, el perejil, el cebollino
  y 2 pizcas de sal y de pimienta.

perejil
× 2 ramitas

cebollino
× 4 ramitas

Salsa de tahín

 listo en 5 minutos

 sin cocción

 para 1 ración

tahín
2 cucharadas

lima
× 1

salsa de soja
1 cucharada

○ Ralle la piel de la lima
   y exprímala.

○ Batiendo con el batidor de
   varillas, mezcle el zumo y la
   ralladura de lima con el tahín,
   la salsa de soja y 3 cucharadas
   de agua caliente.

ACOMPAÑAMIENTOS

Boniatos fritos

boniatos
× 4 grandes

aceite de oliva
60 ml

romero
10 g

limas
× 3

sal rosa del Himalaya
60 g

 listo en 5 minutos

 45 minutos de cocción

 para 2 personas

○ Corte los boniatos como si
fueran patatas para freír.
Ralle la piel de las 3 limas.
Precaliente el horno a 220 °C.
En el mortero, maje la sal con
el romero y la ralladura.

○ Reparta los boniatos entre dos
bandejas de horno forradas
con papel vegetal. Rocíelos con
aceite de oliva y esparza por
encima la sal aromatizada.
Remueva con las manos.

○ Ase los boniatos en el horno
45 minutos, hasta que estén
blandos por dentro
y crujientes por fuera.

Patatas fritas al horno

 listo en 15 minutos

 30 minutos de cocción

 para 4 personas

patatas
600 g

flor de sal
1 cucharadita

vinagre de vino
3 cucharadas

aceite de oliva
4 cucharadas

azúcar
1 cucharada

○ Precaliente el horno a 210 °C. Pele las patatas y córtelas en bastones gruesos. Póngalas en una fuente refractaria.

○ En un cazo, lleve a ebullición el vinagre con el azúcar. Hiérvalo 3 minutos. Añada el aceite y la flor de sal.

○ Rocíe con ello las patatas y remuévalas para que se unten bien. Salpimiente. Ase las patatas en el horno de 25 a 30 minutos.

Curri rendang de tempeh

 listo en 15 minutos
10 minutos de reposo

 20 minutos de cocción

 para 4 personas

tempeh
600 g

pasta de curri rendang
(vegana) 185 g

crema de coco
250 ml

pasta de tamarindo
2 cucharaditas

copos de coco
25 g

cilantro
× 5 ramitas

○ Escurra el tempeh sobre papel de cocina y córtelo en dados de 3 cm. Con las manos, mézclelo bien con 4 cucharadas de pasta de curri. Resérvelo en la nevera 10 minutos.

○ Ponga en una cazuela el tempeh marinado, la crema de coco, media cucharadita de sal y el resto de la pasta de curri. Llévelo a ebullición y luego baje el fuego y cuézalo 20 minutos.

○ Incorpore la pasta de tamarindo y adórnelo con las hojas del cilantro y los copos de coco.

Coliflor especiada

 listo en 5 minutos

 20 minutos de cocción

 para 4 personas

coliflor
1 kg

ajo en polvo
1 cucharada

○ Separe la coliflor en ramitos. Divida los más grandes en dos o en cuatro.

aceite de oliva
4 cucharadas

cúrcuma
1 cucharada

○ Precaliente el horno a 220 °C. En un bol grande, mezcle todas las especias con el aceite. Añada la coliflor, salpimiente y remueva bien con las manos para que todos los ramitos queden bien rebozados. Extienda la coliflor en la bandeja del horno sin superponer los trozos y ásela en el horno de 15 a 20 minutos. Cuando empiece a tomar color, vigílela. Dele vueltas de vez en cuando.

pimentón
1 cucharada

Yakitori de berenjena

berenjenas
500 g

cebolletas
× 8

 listo en 20 minutos

 10 minutos de cocción

 para 8 brochetas

aceite de oliva
125 ml

salsa teriyaki
125 ml

○ Corte las berenjenas en dados, remójelas 10 minutos en agua salada y luego escúrralas. Corte la parte verde de las cebolletas en trozos de 3 cm. Deslía la maicena en 1 cucharada de agua.

○ Prepare las brochetas alternando berenjena y cebolleta. Mezcle la salsa teriyaki con la maicena desleída y rocíe las brochetas. Déjelas marinar 10 minutos en la nevera.

○ Precaliente la plancha. Úntela con aceite y ase las brochetas por todos los lados. Esparza el sésamo por encima.

semillas de sésamo
blanco 12 g

maicena
10 g

Espárragos a la holandesa

listo en 5 minutos

5 minutos de cocción

para 4 personas

tofu sedoso
100 g

espárragos verdes
900 g

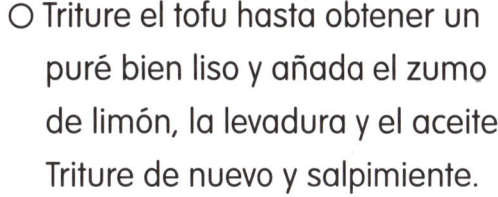

○ Triture el tofu hasta obtener un puré bien liso y añada el zumo de limón, la levadura y el aceite. Triture de nuevo y salpimiente.

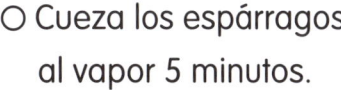

○ Cueza los espárragos al vapor 5 minutos.

zumo de limón
2 cucharadas

levadura malteada
1 cucharada

○ Caliente la salsa a fuego muy lento y viértala sobre los espárragos calientes.

aceite de oliva
2 cucharadas

Sartenada de champiñones

 listo en 7 minutos

 8 minutos de cocción

 para 4 personas

champiñones
500 g

chalote
× 1

ajo
× 3 dientes

perejil
× 5 ramitas

aceite de oliva
4 cucharadas

○ Limpie los champiñones. Córtelos en 4 o en 6 según su tamaño. Pique el chalote, el ajo y el perejil.

○ Caliente el aceite en una sartén. Eche los champiñones y salpimiente. Espere 30 segundos antes de remover y añadir el chalote y el ajo. Saltee hasta que los champiñones estén bien dorados.

○ Apártelo del fuego y esparza el perejil. Pruébelo y rectifique la sazón si fuera necesario.

Calabacín, pasas y menta

 listo en 5 minutos

 5 minutos de cocción

 para 4 personas

calabacines
× 3

pasas
40 g

vinagre de manzana
3 cucharadas

aceite de oliva
3 cucharadas

azúcar moreno
1 cucharadita

menta
× 5 ramitas

○ Mezcle las pasas con el azúcar y el vinagre.

○ Corte los calabacines en rodajas medianas.

○ Caliente el aceite en una sartén y saltee el calabacín a fuego fuerte. Salpimiente y eche el vinagre con pasas. Añada la menta en tiritas.

Hinojo al vinagre balsámico

 listo en 5 minutos

 10-15 minutos de cocción

 para 4 personas

bulbos de hinojo
× 4

vinagre balsámico
1 cucharada grande

aceite de oliva
2 cucharadas

○ Limpie los bulbos de hinojo y, según lo grandes que sean, pártalos en 4 o en 6 cuñas.

○ Caliente el aceite en una cazuela de hierro colado y dore el hinojo. Salpimiéntelo, vierta 50 ml de agua y cuézalo, tapado, hasta que el agua se evapore.

○ Añada el vinagre y déjelo caramelizarse un poco.

Endibia, naranja y tomillo

 listo en 5 minutos

 10 minutos de cocción

 para 4 personas

endibias
× 6

naranjas
× 2

aceite de oliva
2 cucharadas

tomillo
× 4 ramitas

○ Limpie las endibias y pártalas por la mitad a lo largo. Exprima las naranjas.

○ Caliente el aceite en una cazuela de hierro colado o en una sartén y coloque las endibias con la parte cortada hacia abajo. Dórelas 20 segundos y vierta las tres cuartas partes del zumo de naranja. Salpimiente y añada el tomillo. Deje que el líquido se reduzca del todo.

○ Deles la vuelta a las endibias y vierta el resto del zumo. Deje que se reduzca antes de apagar el fuego.

Espinacas, miso y sésamo

 listo en 15 minutos

 1 minuto de cocción

 para 4 personas

espinacas
500 g

miso
1 cucharada

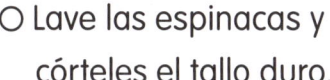

salsa de soja dulce
2 cucharadas

sésamo tostado
1 cucharada

○ Lave las espinacas y córteles el tallo duro.

○ Mezcle el miso con la salsa de soja y el aceite de sésamo. Ponga agua a hervir en una olla. Sumerja las espinacas y escáldelas apenas 1 minuto. Escúrralas y, en caliente, mézclelas con la salsa. Esparza el sésamo por encima.

○ Sírvalo con arroz, quinoa, sémola, un pescado o una carne a la plancha.

aceite de sésamo
2 cucharadas

Pimiento marinado

 listo en 30 minutos

 45 minutos de cocción

 para 6 personas

pimientos rojos
× 4

ajo
× 1 diente

jengibre
10 g

aceite de oliva
4 cucharadas

albahaca
× 8 hojas

○ Precaliente el horno a 200 °C.
Ase los pimientos 45 minutos.
Mientras estén calientes,
introdúzcalos en una bolsa
de plástico hermética.
Deje que se entibien.

○ Pique el ajo y el jengibre.
Corte la albahaca en tiritas.
Pele los pimientos, despepí-
telos y córtelos en tiras.

○ Mezcle el pimiento con el
ajo, el jengibre, el aceite de
oliva, la albahaca y 2 pizcas
de sal y de pimienta molida.
Sírvalo templado o frío.

Tofu dulce y salado

 listo en 15 minutos

 15 minutos de cocción

 para 4 personas

tofu firme
450 g

pimiento rojo
× 1

pimiento verde
× 1

maicena
2 cucharadas

○ Corte el tofu en dados y rebócelo con la maicena. Rehóguelo a fuego medio en una sartén con un poco de aceite unos 7 minutos, hasta que esté bien dorado. Apártelo del fuego y resérvelo.

○ Corte los pimientos en tiras y rehóguelos a fuego medio en una sartén con un poco de aceite 5 minutos.

○ Añada el tofu, el azúcar, la salsa de soja y 60 ml de agua. Déjelo cocer a fuego lento hasta que la salsa se haya espesado. Salpimiente.

azúcar moreno de caña
3 cucharadas

salsa de soja
2 cucharadas

VERDURAS

Fuente de hortalizas

tomates
× 3

calabacines
× 2

berenjena
× 1

tomillo
× 4 ramitas

cebolla
× 1

aceite de oliva
5 cucharadas

 listo en 30 minutos

 55 minutos de cocción

 para 4 personas

○ Precaliente el horno a 190 °C.

○ Corte las hortalizas en rodajas bastante finas. Reserve las que se vean más bonitas y corte el resto en daditos. Corte la cebolla en rodajas finas.

○ Rehogue la cebolla con los dados de hortalizas 20 minutos. Salpimiente. Extiéndalo en una fuente para gratenes. Disponga en línea por encima las rodajas reservadas, alternándolas. Salpimiéntelas, úntelas con el resto del aceite, esparza el tomillo por encima y áselo en el horno 35 minutos.

Sartenada de calabacín y tomates

calabacines
× 3

tomates cherry
200 g

listo en 10 minutos

5 minutos de cocción

para 4 personas

ajo
× 3 dientes

aceite de oliva
3 cucharadas

○ Corte los calabacines en medias rodajas gruesas al bies. Pique los ajos. Parta los tomatitos por la mitad y prénselos para vaciarlos de jugo y semillas.

○ Caliente el aceite en una sartén y saltee el calabacín a fuego muy fuerte. Añada los tomates y el ajo. Salpimiente.

○ Cuando el calabacín esté doradito, eche el vinagre. Redúzcalo. Apártelo del fuego y añada la albahaca picada.

vinagre balsámico
2 cucharadas

albahaca
× 5 ramitas

Zanahoria y brócoli

 listo en 7 minutos

 3 minutos de cocción

 para 4 personas

calabacín
× 1

zanahoria
× 1

brócoli
× 1 pequeño

aceite vegetal
2 cucharadas

ajo
× 3 dientes

salsa de soja
2 cucharadas

○ Corte el ajo en láminas finas. Corte la zanahoria en rodajas al bies y el calabacín, en medias rodajas también al bies. Separe el brócoli en ramitos y pártalos por la mitad o en cuatro según su tamaño.

○ Caliente el aceite en un wok. Saltee la zanahoria, el brócoli y el ajo 2 minutos, removiendo. Salpimiente.

○ Añada el calabacín y la salsa de soja. Saltee 1 minuto más, removiendo. Las verduras deben quedar crujientes.

Revoltillo de tofu y hortalizas

 listo en 10 minutos

 20 minutos de cocción

 para 4 personas

tofu firme
500 g

cebolla roja
× ½

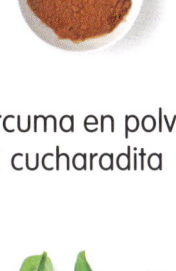

cúrcuma en polvo
1 cucharadita

zanahoria
× 1

○ Corte la cebolla en láminas y rehóguela a fuego medio 3 minutos en una sartén con un poco de aceite. Agregue la cúrcuma y 1 cucharada de agua. Corte la zanahoria en daditos y añádalos a la sartén. Rehogue otros 4 minutos.

○ Desmigue el tofu y añádalo a la sartén con 80 ml de agua. Déjelo cocer a fuego lento, tapado, durante 5 minutos.

○ Salpimiente y esparza por encima las hojas de albahaca y las aceitunas. Sírvalo enseguida.

albahaca
× 12 hojas

aceitunas negras
2 cucharadas

Tofu picante con verduras

 **listo en 15 minutos
1 hora de reposo**

 8 minutos de cocción

 para 4 personas

tofu firme
400 g

ralladura de naranja
× 1

○ Corte el tofu por la mitad de su grosor y luego dos veces en diagonal para obtener 8 triángulos.

guindilla roja fresca
× 1

puerro
× 1

○ Mezcle la ralladura y la guindilla picada con 120 ml de agua. Viértalo sobre el tofu y déjelo reposar 1 hora en la nevera.

○ Corte el jengibre y la parte blanca del puerro en rodajas finas. Rehóguelos 3 minutos a fuego medio. Añada la col china troceada y cuézalo 3 minutos.

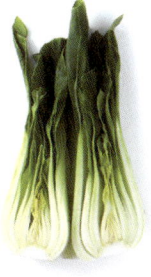

col china
× 3

jengibre fresco
2 cm

○ Por separado, rehogue el tofu 3 minutos por cada lado en una sartén con un poco de aceite. Sírvalo con las verduras.

Tomates rellenos

 listo en 15 minutos

 55 minutos de cocción

 para 4 personas

tofu firme
200 g

tomates
× 4, grandes

arroz blanco
120 g

dientes de ajo
× 2

cilantro
× ½ ramito

perejil
× ½ ramito

○ En un cazo, cueza el arroz 15 minutos en 370 ml de agua con sal. Escúrralo si fuera necesario.

○ Precaliente el horno a 180 °C.

○ Córteles un sombrero a los tomates y vacíelos. Mezcle la pulpa de tomate con el tofu en laminitas, el ajo picado y las hierbas cortadas en tiritas. Añada el arroz. Salpimiente.

○ Rellene los tomates con la preparación y póngales el sombrero. Hornéelos 40 minutos.

Caponata de berenjena

🔪 **listo en 10 minutos**

🍲 **40 minutos de cocción**

☺ **para 4 personas**

berenjenas
500 g

tomates enteros
400 g

○ Corte las berenjenas en dados.
Corte los ajos en láminas.
Ponga todos los ingredientes
en una cazuela y añada
2 pizcas de pimienta.

ajo
2 dientes

alcaparras
100 g

○ Cuézalo a fuego medio
40 minutos, tapado y removiendo de vez en cuando.

azúcar
1 cucharada

aceite de oliva
2 cucharadas

Guisantes y menta

 listo en 5 minutos

 15 minutos de cocción

 para 4 personas

guisantes
250 g

garbanzos cocidos
1 lata de 400 g

○ Escurra los garbanzos
 y lávelos. Corte en tiritas
 la menta y el estragón.

menta
6 ramitas

aceite de oliva
2 cucharadas

○ Ponga todos los ingredientes
 en una cazuela y añada
 1 cucharadita de sal gorda,
 2 pizcas de pimienta y 1 litro
 de agua.

○ Llévelo a ebullición y cuézalo
 10 minutos a fuego medio.

risetti (pasta)
100 g

estragón
1 ramillete

Zanahoria, miel y naranja

 listo en 15 minutos

 45 minutos de cocción

 para 4 personas

zanahorias tiernas
× 1 manojo

naranjas
× 2

○ Precaliente el horno a 180 °C.

○ Si no son de cultivo biológico, pele las zanahorias. Pele las naranjas llevándose bien toda la parte blanca de la piel y córtelas en rodajas.

miel
2 cucharadas

aceite de oliva
4 cucharadas

○ En un recipiente, mezcle las especias con la miel y el aceite. Salpimiente y unte bien las zanahorias y la naranja, removiendo.

○ Extienda las zanahorias y la naranja en la bandeja del horno y áselas 45 minutos, dándoles la vuelta de vez en cuando.

pimienta de Jamaica molida
1 cucharadita colmada

Hinojo, zanahoria y limón

bulbos de hinojo
× 4

zanahorias tiernas
× 1 manojo pequeño

 listo en 15 minutos

 45 minutos de cocción

 para 4 personas

○ Precaliente el horno a 220 °C.

○ Pele las verduras. Parta los bulbos de hinojo en cuartos. Corte las cebollas en 6 cuñas y los limones, en rodajas gruesas.

○ En un bol grande, mezcle los ingredientes preparados con el aceite. Salpimiéntelos. Extiéndalos en la bandeja del horno sin solaparlos. Ase las hortalizas en el horno 30 minutos. Deles la vuelta, añada las aceitunas y áselas otros 15 minutos.

cebollas rojas
× 2

aceite de oliva
5 cucharadas

limones
× 2

aceitunas negras
200 g

Pisto al horno

tomates
× 3

calabacines
× 2

berenjena
× 1

ajo
× 4 dientes

pimientos
× 2

aceite de oliva
5 cucharadas

 listo en 15 minutos

 40 minutos de cocción

 para 4 personas

○ Precaliente el horno a 210 °C.

○ Corte las hortalizas en trozos de tamaño regular. Sale las berenjenas y deje que suden 15 minutos antes de secarlas.

○ En un bol, unte bien las hortalizas con el aceite y el ajo prensado. Salpimiente. Extiéndalas en la bandeja del horno, en la medida de lo posible sin que se solapen. Áselas en el horno 40 minutos, dándoles la vuelta de vez en cuando.

Hortalizas de primavera

 listo en 10 minutos

 10 minutos de cocción

 para 4 personas

espárragos verdes
x 1 manojo

zanahorias tiernas
x 1 manojo pequeño

○ Deseche la parte inferior dura de los espárragos y pele las zanahorias. Parta los espárragos en 3 y las zanahorias en trozos del mismo tamaño.

guisantes congelados
200 g

leche de coco
500 ml

○ En una cazuela de hierro colado, deslía la pasta de curri en la leche de coco. Añada 1 cucharadita de sal, el azúcar y las zanahorias. Tápelo y cuézalo de 5 a 7 minutos.

○ Incorpore los espárragos y cuézalo 2 minutos. Eche los guisantes y cuézalo 1 minuto más. Compruebe la cocción y la sazón. Si lo desea, añada la ralladura de un limón para aumentar el interés del plato.

pasta de curri verde
tailandés (vegana)

azúcar
1 cucharadita

Verduras chinas

 listo en 10 minutos

 15 minutos de cocción

 para 6 personas

setas negras secas
25 g

tofu firme
400 g

col china
x 1 pequeña

leche de coco
500 ml

pasta de curri rojo tailandés
(vegana) 1 cucharada

azúcar
1 cucharada

○ Remoje las setas 30 minutos en un bol de agua fría. Si son grandes, pártalas por la mitad. Lave la col y córtela en trozos de tamaño regular. Corte el tofu en rectángulos.

○ En una cazuela de hierro colado, deslía la pasta de curri en la leche de coco, y añada el azúcar y 1 cucharadita de sal. Llévelo a ebullición, eche las setas y cuézalo 2 minutos. Incorpore la col, tápelo y cuézalo 2 minutos. Añada el tofu, tápelo y cuézalo 3 minutos más. Sírvalo con arroz blanco o quinoa.

Curri verde de aguacate

judías rojas cocidas
800 g

piña
x 1 pequeña

 listo en 10 minutos

 10 minutos de cocción

 para 4 personas

aguacates
x 2 pequeños

leche de coco
500 ml

○ Pele la piña y pártala en cuartos. Deseche la parte dura central y córtela en láminas.

○ En una cazuela de hierro colado, deslía la pasta de curri en la leche de coco. Eche 1 cucharadita de sal. Llévelo a ebullición y añada las judías aclaradas y escurridas. Cuézalo 5 minutos, agregue la piña y cuézalo 1 minuto más. Pruébelo y rectifique la sazón si fuera necesario. Si lo desea, añada 1 cucharada de azúcar para equilibrar los sabores.

asta de curri verde tailandés
(vegana) 1 cucharada

cilantro
x ½ ramito

○ Apártelo del fuego y disponga encima los aguacates en láminas y el cilantro picado.

Curri de boniato

 listo en 10 minutos

 30 minutos de cocción

 para 4 personas

boniatos
800 g

cebollas
x 2

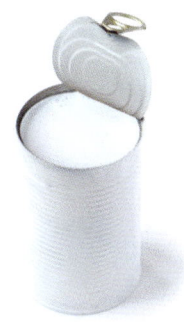

leche de coco
300 ml

garam masala
2 cucharadas

pipas de calabaza
30 g

aceite de girasol
4 cucharadas

○ Pele las cebollas y córtelas en láminas. Pele los boniatos y córtelos en trozos de tamaño regular. Tueste las pipas de calabaza en una sartén.

○ Rehogue la cebolla en el aceite con el garam masala. Añada los trozos de boniato y 1 cucharadita de sal. Vierta la leche de coco, tápelo y cuézalo 25 minutos. Compruebe la cocción y la sazón.

○ Apártelo del fuego y añada las pipas de calabaza tostadas.

Verduras indias

 listo en 15 minutos

 20 minutos de cocción

 para 6 personas

coliflor
400 g

boniato
300 g

guisantes congelados
200 g

cebollas
x 2

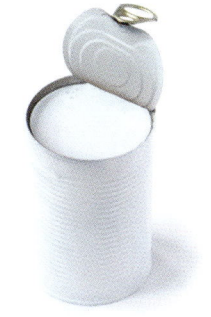

leche de coco
300 ml

garam masala
1 buena cucharada

○ Separe la coliflor en ramitos. Parta los más grandes en 2. Pele el boniato y córtelo en trozos de tamaño regular. Pele las cebollas y córtelas en láminas.

○ Rehogue la cebolla en 3 cucharadas de aceite de girasol con el garam masala. Añada 1 cucharadita de sal y, después, la coliflor y la leche de coco. Cuézalo 5 minutos, tapado.

○ Agregue el boniato y cuézalo 10 minutos. Incorpore los guisantes sin descongelar y cuézalo 2 minutos más. Remueva, pruébelo y rectifique la sazón si fuera necesario.

Curri de garbanzos

 listo en 10 minutos

 15 minutos de cocción

 para 4 personas

boniato
300 g

garbanzos cocidos
400 g

○ Pele la cebolla y córtela en láminas. Pele el boniato y córtelo en trozos de tamaño regular. Aclare los garbanzos y escúrralos.

espinacas frescas
350 g

cebolla
x 1 grande

○ En una cazuela de hierro colado mezcle la leche de coco con el curri y 1 cucharadita de sal. Añada la cebolla y el boniato. Tápelo y cuézalo 8 minutos.

○ Incorpore los garbanzos y las espinacas. Déjelo cocer otros 3 minutos, tapado. Remueva, pruébelo y rectifique la sazón si fuera necesario.

leche de coco
500 ml

curri en polvo
2 cucharadas rasas

Dhal

 listo en 10 minutos

 15 minutos de cocción

 para 4 personas

lentejas rojas
250 g

tomates
x 2

cebolla
x 1

leche de coco
400 ml

cilantro
x ½ ramito

garam masala
1 buena cucharada

○ Parta los tomates en 6. Pele la cebolla y córtela en láminas.

○ Rehogue la cebolla en 3 cucharadas de aceite de girasol con el garam masala. Añada las lentejas, el tomate, la leche de coco y 150 ml de agua. Cuézalo 12 minutos a fuego lento, tapado. Remueva de vez en cuando.

○ Eche 1 cucharadita de sal y remueva. Compruebe la cocción de las lentejas y añada un poco de agua si fuera necesario. Apártelo del fuego y esparza por encima el cilantro picado.

Curri de berenjena y manzana

berenjenas
x 2 grandes

manzana verde
x 1

listo en 15 minutos

35 minutos de cocción

para 4 personas

jengibre
100 g

cebolletas
x 7

○ Corte las berenjenas en dados. Sálelas y déjelas sudar 20 minutos. Corte en rodajitas por separado la parte blanca y la verde de las cebolletas. Pele el jengibre y córtelo en bastoncitos. Corte la manzana en láminas.

○ Seque las berenjenas sin aclararlas. Dórelas en 5 cucharadas de aceite de girasol, en 2 tandas.

○ Rehogue en un chorrito de aceite la parte blanca de las cebolletas con el jengibre. Añada la leche de coco, la cúrcuma, las berenjenas y la manzana. Tápelo y cuézalo 10 minutos a fuego lento. Esparza por encima la parte verde de las cebolletas.

cúrcuma molida
1 cucharada

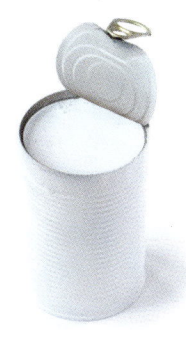

leche de coco
400 ml

Curri de coliflor

 listo en 10 minutos

 15 minutos de cocción

 para 6 personas

coliflor
400 g

garbanzos cocidos
400 g

piña
x ½

jengibre
80 g

leche de coco
500 ml

cúrcuma molida
1 cucharada

○ Separe la coliflor en ramitos y parta los más grandes en 2. Corte la piña en láminas y el jengibre, en bastoncitos. Aclare los garbanzos y escúrralos.

○ En una cazuela de hierro colado, mezcle la leche de coco con la cúrcuma y 1 cucharadita de sal. Añada la coliflor y el jengibre. Tápelo y cuézalo 10 minutos.

○ Añada la piña y los garbanzos, y cuézalo otros 5 minutos. Pruébelo y rectifique la sazón si fuera necesario. Si lo desea, añada 1 cucharada de azúcar para equilibrar los sabores.

Curri de tofu al coco

 listo en 5 minutos
30 minutos de reposo

 20 minutos de cocción

 para 4 personas

tofu firme
400 g

leche de coco
400 ml

○ Corte el tofu en dados y déjelo marinar 30 minutos en la nevera con 1 cucharadita de pasta de curri y 1 cucharadita de leche de coco.

pasta de curri masala
60 g

cebolla
× 1

○ En una sartén con un poco de aceite, rehogue a fuego medio 2 minutos la cebolla cortada en láminas con la pasta de curri restante.

○ Añada el tofu con su marinada y cuézalo 2 minutos. Agregue el tomate, la leche de coco restante y los garbanzos escurridos.

garbanzos cocidos
200 g

tomate triturado
350 ml

○ Cuézalo a fuego lento 15 minutos. Salpimiente y sírvalo con arroz.

PASTAS

Espaguetis a la tofunesa

 listo en 10 minutos

 10 minutos de cocción

 para 4 personas

tofu firme
400 g

espaguetis sin huevo
400 g

○ Pele la cebolla y el ajo, y córtelos en láminas. Rehóguelos 2 minutos a fuego medio en una sartén con un poco de aceite.

tomate triturado de lata
150 g

diente de ajo
× 1

○ Añada el caldo y déjelo cocer a fuego lento 5 minutos. Desmigue el tofu y añádalo a la sartén. Salpimiente. Agregue el tomate.

○ Prepare los espaguetis según las instrucciones del envase.

○ Vierta la salsa sobre la pasta escurrida y sírvala enseguida.

cebolla
× 1

caldo de verduras
100 ml

Ensalada de linguine y radicchio

 listo en 15 minutos

 30 minutos de cocción

 para 4 personas

linguine sin huevo
250 g

berenjenas
× 2

radicchio
× 1

piñones
50 g

aceite de oliva
4 cucharadas

vinagre balsámico
2 cucharadas

○ Precaliente el horno a 180 °C. Corte las berenjenas en rodajas de 1 cm y el radicchio, en tiras de 2 cm.

○ Extiéndalos en la bandeja del horno y rocíelos con la mitad del aceite de oliva y el vinagre. Áselos 10 minutos, saque el radicchio y siga asando la berenjena 20 minutos.

○ Cueza los linguine al dente y aclárelos. Dore los piñones en una sartén.

○ Mezcle la pasta con la berenjena, el radicchio y los piñones. Rocíelo con el resto del aceite y salpimiente.

Ajo, guindilla y perejil

espaguetis sin huevo
× 250 g

ajo
× 5 dientes

aceite de oliva
× 50 ml

guindilla molida
× 1 cucharadita

perejil
× 6 ramitas

✎ **listo en 5 minutos**

🍲 **15 minutos de cocción**

☺ **para 2 a 4 personas**

○ Corte los ajos en láminas y pique el perejil.

○ Ponga los espaguetis, el ajo y la guindilla en una sartén grande. Vierta 700 ml de agua. Añada el aceite y ½ cucharadita de sal.

○ Llévelo a ebullición. Baje el fuego y cuézalo 12 minutos removiendo de vez en cuando.

○ Rectifique la sazón si hiciera falta. Esparza por encima el perejil picado antes de servirlo.

Boloñesa vegana

 listo en 5 minutos

 15 minutos de cocción

 para 4 personas

espaguetis sin huevo
× 250 g

cebolla
× 1

tomate troceado
× 400 g

ajo
× 4 dientes

soja texturizada
× 200 g

tomillo
× 3 ramitas

○ Pique la cebolla y prense los ajos.

○ Ponga en una sartén grande los espaguetis, la cebolla, el ajo, el tomate, el tomillo y la soja texturizada. Añada 700 ml de agua y ½ cucharadita de sal. Sazone con pimienta.

○ Llévelo a ebullición, baje el fuego y cuézalo 12 minutos removiendo de vez en cuando.

○ Rectifique la sazón si hiciera falta. Para enriquecer el plato, añada un chorrito de aceite de oliva y unos daditos de zanahoria y de apio.

Limón confitado y cilantro

espaguetis sin huevo
× 250 g

concentrado de tomate
× 70 g

limón confitado
× 1 pequeño

aceite de oliva
× 50 ml

harissa fresca
× 1 cucharada grande

cilantro
× ½ manojo

listo en 5 minutos

15 minutos de cocción

para 2 a 4 personas

○ Corte el limón en daditos. Lave el cilantro y píquelo fino.

○ Ponga en una sartén grande los espaguetis, el concentrado de tomate, el limón, el aceite y la harissa. Añada 700 ml de agua y ½ cucharadita de sal. Llévelo a ebullición.

○ Baje el fuego y cuézalo 12 minutos removiendo de vez en cuando.

○ Rectifique la sazón si hiciera falta. Sírvalo con el cilantro.

Judías verdes y sésamo

listo en 10 minutos

15 minutos de cocción

para 4 personas

espaguetis sin huevo
250 g

judías verdes muy finas
250 g

○ Despunte las judías. Corte los ajos en láminas o bien prénselos. Deslía poco a poco el miso y el tahín en 800 ml de agua.

miso oscuro
2 cucharadas

tahín
2 cucharadas

○ Ponga todos los ingredientes en una sartén grande excepto el limón. Sazone con pimienta. Llévelo a ebullición. Baje el fuego y cuézalo 12 minutos removiendo de vez en cuando.

○ Añada la ralladura del limón y la mitad del zumo. Remueva y rectifique la sazón si fuera necesario.

ajo
× 4 dientes

limón ecológico
× 1

Primavera

 listo en 10 minutos

 20 minutos de cocción

 para 4 personas

linguine sin huevo
250 g

espárragos verdes
× 1 manojo

○ Corte los ajos en láminas. Retire la base dura de los espárragos y pártalos en tres.

○ Ponga todos los ingredientes en una sartén grande. Añada 700 ml de agua y ½ cucharadita de sal. Sazone con pimienta. Llévelo a ebullición.

tomates cherry
250 g

guisantes congelados
100 g

○ Baje el fuego y cuézalo unos 15 minutos removiendo de vez en cuando.

○ Rectifique la sazón.

ajo
× 4 dientes

aceite de oliva
50 ml

Garbanzo y comino

 listo en 5 minutos

 20 minutos de cocción

 para 4 personas

plumas sin huevo
250 g

garbanzos cocidos
400 g

○ Corte la cebolla en láminas y deshoje el cilantro. Aclare los garbanzos y escúrralos.

○ Ponga en una sartén grande todos los ingredientes excepto el cilantro. Añada ½ cucharadita de sal y 700 ml de agua. Sazone con pimienta. Llévelo a ebullición.

comino molido
1 cucharada grande

cilantro
× 1 manojo

○ Baje el fuego y cuézalo unos 15 minutos, removiendo.

○ Rectifique la sazón. Sírvalo con el cilantro esparcido por encima y, si lo desea, añada algo de interés al plato con un chorrito de zumo de limón.

aceite de oliva
50 ml

cebolla
× 1

Carbonara vegana

 listo en 10 minutos

 15 minutos de cocción

 para 4 personas

plumas sin huevo
250 g

leche de almendras
700 ml

tofu ahumado
250 g

ajo
× 3 dientes

guisantes congelados
150 g

perejil
× 5 ramitas

○ Corte los ajos en láminas y el tofu, en dados. Pique el perejil.

○ Ponga en una sartén grande todos los ingredientes excepto el perejil. Sazone con ½ cucharadita de sal y pimienta al gusto. Llévelo a ebullición.

○ Baje el fuego y cuézalo 12 minutos removiendo de vez en cuando.

○ Rectifique la sazón. Añada el perejil.

Alcachofas y champiñones

 listo en 10 minutos

 20 minutos de cocción

 para 4 personas

tiburones sin huevo
250 g

champiñones
300 g

alcachofas en aceite
250 g

ajo
× 4 dientes

perejil
× 6 ramitas

aceitunas negras
100 g

○ Corte los champiñones en láminas gruesas. Parta por la mitad las alcachofas escurridas. Corte los ajos en láminas.

○ Ponga en una sartén grande todos los ingredientes excepto el perejil. Añada 50 ml del aceite de las alcacho-fas, ½ cucharadita de sal y 700 ml de agua. Sazone con pimienta. Llévelo a ebullición.

○ Baje el fuego y cuézalo unos 15 minutos, removiendo. Rec-tifique la sazón. Añada el perejil picado. Para que las alcachofas queden consisten-tes, añádalas a media cocción.

Calabaza y col kale

 **listo en 10 minutos**

 20 minutos de cocción

para 4 personas

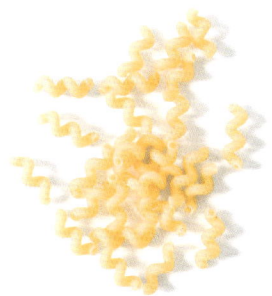

rizos sin huevo
250 g

calabaza moscada
400 g

col kale
300 g

caldo de verduras
× 1 pastilla

ajo
× 4 dientes

aceite de oliva
30 ml

○ Pele la calabaza y córtela en dados. Lave la col kale y retire los tallos duros. Corte los ajos en láminas.

○ Ponga en una sartén grande la pasta, la pastilla de caldo, el aceite, el ajo y las hortalizas en último lugar. Sazone con pimienta.

○ Añada 750 ml de agua y ½ cucharadita de sal. Llévelo a ebullición. Baje el fuego y cuézalo 15 minutos removiendo de vez en cuando. Rectifique la sazón si hiciera falta.

Calabaza, coco y curri

 listo en 10 minutos

 15 minutos de cocción

 para 4 personas

lazos sin huevo
250 g

puré de calabaza
congelado
200 g

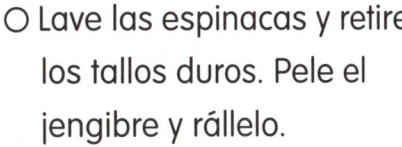

○ Lave las espinacas y retire
los tallos duros. Pele el
jengibre y rállelo.

leche de coco
400 ml

espinacas
300 g

○ Ponga todos los ingredientes
en una sartén grande. Añada
300 ml de agua y ½ cucharadita
de sal. Llévelo a ebullición.

○ Baje el fuego y cuézalo
12 minutos removiendo
de vez en cuando.

○ Remueva. Rectifique la
sazón si hiciera falta.

curri en polvo
1 cucharada grande

jengibre
25 g

Tapenade, habas y tomatitos

 listo en 5 minutos

 20 minutos de cocción

 para 4 personas

fusilli sin huevo
250 g

tomates cherry
250 g

habas congeladas
200 g

tapenade negra
× 90 g

ajo
× 3 dientes

limón ecológico
× 1

○ Ponga en una sartén grande los ajos prensados, 700 ml de agua, ½ cucharadita de sal y todos los otros ingredientes excepto el limón. Sazone con pimienta. Llévelo a ebullición.

○ Baje el fuego y cuézalo unos 15 minutos removiendo de vez en cuando.

○ Rectifique la sazón y sírvalo con la ralladura del limón esparcida por encima.

Lentejas, tomate y albahaca

 listo en 5 minutos

 20 minutos de cocción

 para 4 personas

fusilli sin huevo
250 g

lentejas rojas
120 g

○ Corte la cebolla y los ajos en láminas. Deshoje la albahaca.

○ Ponga en una sartén grande la pasta, el tomate, la cebolla, el ajo y las lentejas. Sazone con pimienta. Añada ½ cucharadita de sal y 700 ml de agua. Llévelo a ebullición.

tomate troceado
400 g

cebolla
× 1

○ Baje el fuego y cuézalo unos 15 minutos, removiendo de vez en cuando.

○ Rectifique la sazón, añada la albahaca y remueva.

ajo
× 4 dientes

albahaca
× 1 ramito grande

Pimiento cremoso

 listo en 10 minutos

 20 minutos de cocción

 para 4 personas

fideos sin huevo
250 g

pimientos asados
en conserva
200 g

tomates cherry
250 g

ajo
× 4 dientes

leche de almendra
500 ml

albahaca
× 1 ramito

○ Aclare los pimientos y escúrralos. Tritúrelos con la leche
de almendra, los ajos y
½ cucharadita de sal.

○ Viértalo en una sartén grande.
Añada la pasta, los tomatitos
y 100 ml de agua. Sazone con
pimienta. Llévelo a ebullición.

○ Baje el fuego y cuézalo unos
15 minutos removiendo de vez
en cuando.

○ Rectifique la sazón si hiciera
falta. Sírvalo con la albahaca.

Garam masala y coco

 listo en 10 minutos

 15 minutos de cocción

 para 4 personas

pasta para sopa sin
huevo
250 g

tomates
× 3

leche de coco
400 ml

cebolla
× 1

garam masala
× 1 cucharada grande

cilantro
× 1 manojo

○ Pique la cebolla. Corte los tomates en dados grandes. Pique fino el cilantro.

○ Ponga en una sartén o una cazuela de hierro colado la pasta, la cebolla, el garam masala, el tomate y la leche de coco. Añada 300 ml de agua y ½ cucharadita de sal. Llévelo a ebullición.

○ Baje el fuego y cuézalo 10 minutos removiendo de vez en cuando.

○ Rectifique la sazón si hiciera falta. Sírvalo con el cilantro. Si lo desea, añada zumo de lima al gusto.

Chile sin carne

 listo en 5 minutos

 20 minutos de cocción

 para 4 personas

pasta para sopa sin
huevo
250 g

tomate troceado
400 g

pimiento verde
× 1

lima ecológica
× 1

judías rojas cocidas
400 g

comino
× 1 cucharada

○ Corte el pimiento en daditos.
Aclare las judías y escúrralas.

○ Ponga en una sartén grande
la pasta, el tomate, el comino,
el pimiento y las judías. Añada
700 ml de agua y ½ cucharadita de sal. Llévelo a ebullición.

○ Baje el fuego y cuézalo
15 minutos, removiendo.

○ Añada la ralladura de la lima
y la mitad del zumo, remueva
y rectifique la sazón. Si desea
acentuar el sabor del plato,
añada un poco de ajo y de
cilantro en el momento de servir.

Espaguetis con hinojo y eneldo

 listo en 10 minutos

 10 minutos de cocción

 para 4 personas

espaguetis sin huevo
400 g

hinojo
× 2 bulbos medios

queso de anacardos
250 g

eneldo
× 1 manojo

○ Limpie el hinojo de partes duras y corte el bulbo y los tallos en láminas. Pique fino el eneldo. Exprima el limón. Cueza la pasta en agua con sal de 8 a 10 minutos. Escúrrala.

○ Para preparar la salsa, emulsione el aceite con el zumo de limón, 1 cucharadita de sal y 1 cucharadita de pimienta.

○ Mezcle la pasta caliente con el hinojo y el eneldo, y luego vierta la salsa y remueva bien. Desmigue el queso de anacardos por encima.

aceite de oliva
80 ml

limón
× 1 grande

Espaguetis al pesto alimonado

espaguetis sin huevo
400 g

hinojo
× 2 bulbos medios

ajo
× 1 diente

piñones
60 g

aceite de oliva
100 ml

limón
× 1

 **listo en 5 minutos**

 10 minutos de cocción

 para 4 personas

○ Pele el ajo. Pele el limón llevándose el mínimo posible de parte blanca y exprímalo; pique bien la piel. Tueste los piñones 2 minutos en una sartén.

○ En el mortero, maje el ajo con un cuarto de cucharadita de sal y la albahaca hasta obtener una pasta. Añada los piñones y májelos. Incorpore la ralladura y el zumo de limón, así como el aceite.

○ Cueza la pasta en agua con sal de 10 a 12 minutos. Mezcle el pesto con la pasta caliente y sazone con pimienta.

ARROZ Y FIDEOS

Risotto de tofu y espinacas

 listo en 10 minutos

 35 minutos de cocción

 para 4 personas

tofu ahumado
200 g

tomates secos en aceite
60 g

espinacas tiernas
× 1 manojo

arroz bomba
250 g

caldo de verduras
1 litro

cebolla
× 1

○ Pele la cebolla y córtela en láminas. Rehóguela 5 minutos a fuego medio en una sartén grande con un poco de aceite.

○ Baje el fuego y eche el arroz y un cucharón de caldo. Cuando el caldo se haya absorbido, añada otro cucharón, y siga así hasta terminar el caldo.

○ Incorpore los tomates secos cortados en tiritas y el tofu en láminas, y déjelo cocer a fuego lento 2 minutos.

○ Añada las espinacas, mezcle bien, salpimiente y apártelo del fuego. Sírvalo enseguida.

Fideos soba al cacahuete

 listo en 10 minutos

 5 minutos de cocción

:) **para 4 personas**

Fideos soba al
cacahuete

col lombarda
× ½ pequeña

mezcla para ensalada
200 g

crema de cacahuete
100 g

salsa de soja dulce
4 cucharadas

limón ecológico
× 1

○ Corte la col en juliana fina.

○ Cueza los fideos según las instrucciones del envase, reserve 100 ml del agua de cocción, escúrralos y aclárelos con agua fría.

○ Mezcle la crema de cacahuete con la salsa de soja y el zumo de limón. Deslía la salsa con el agua de cocción reservada.

○ Mezcle los fideos con las hortalizas crudas y rocíelo con la salsa. Remueva, pruébelo y rectifique la sazón si hiciera falta. Sirva la ensalada enseguida porque los fideos no se conservan.

Quinua, tomate y judías

 listo en 5 minutos

 25 minutos de cocción

 para 4 personas

quinua
250 g

tomate troceado
400 g

○ Lave y escurra las judías. Deshoje el cilantro. Corte las cebollas tiernas en rodajas finas.

○ Reserve la mitad del cilantro y ponga el resto de los ingredientes en una cazuela. Añada 400 ml de agua, 1 cucharadita de sal y 2 pizcas de pimienta.

○ Cuézalo 25 minutos a fuego medio, tapado y removiendo de vez en cuando.

○ Sírvalo con el resto del cilantro.

judías rojas cocidas
400 g

cebollas tiernas
x 2

cilantro
1 ramillete

Arroz con lentejas

 listo en 5 minutos

 20 minutos de cocción

 para 4 personas

lentejas verdes
200 g

arroz basmati
200 g

cebollas
x 2 grandes

garam masala
1 cucharada

cilantro
x ½ manojo

○ Ponga las lentejas en una olla y añada 2 veces su volumen en agua. Cuézalas a fuego muy lento 10 minutos. Eche el arroz y el garam masala, y vierta una vez y media el volumen de arroz en agua. Tápelo y cuézalo a fuego lento hasta que el agua se absorba. Remueva de vez en cuando. Añada un poco de agua si fuera necesario.

○ Corte las cebollas en láminas. Fría la cebolla en 6 cucharadas de aceite hasta que se dore. Échela en el arroz con su aceite. Añada 1 cucharadita de sal, remueva y esparza por encima el cilantro picado.

Bol de tofu con verduras y arroz

 listo en 15 minutos

 30 minutos de cocción

 para 4 personas

tofu firme
400 g

caldo de verduras
120 ml

○ Cueza el arroz 25 minutos
en un cazo con 900 ml de
agua salada. Escúrralo
si fuera necesario.

salsa de soja
2 cucharadas

brócoli
× 1

○ Corte los boniatos pelados en
dados y separe el brócoli en
ramitos. Rehóguelos a fuego
medio 2 minutos en una sartén
con un poco de aceite.

○ Corte el tofu en dados y
añádalo a la sartén. Vierta el
caldo, eche la salsa de soja
y déjelo cocer a fuego lento
3 minutos. Salpimiente.

boniatos
× 2

arroz salvaje
240 g

○ Sirva el guiso sobre
el arroz salvaje.

Bol de tofu, mango y coco

 listo en 20 minutos

 20 minutos de cocción

 para 4 personas

tofu firme
350 g

mango
× 1

aguacate
× 1

arroz blanco
240 g

copos de coco
70 g

cúrcuma en polvo
1 cucharadita

○ En un cazo, cueza 15 minutos el arroz en 750 ml de agua salada.

○ Corte el tofu en daditos y rebócelos en la cúrcuma. Caliente a fuego medio una sartén con un poco de aceite y rehogue el tofu 4 minutos. Sálelo.

○ En otra sartén, dore los copos de coco a fuego medio 1 o 2 minutos.

○ Reparta el arroz en boles y disponga el tofu, el mango en dados, los copos de coco y el aguacate cortado en láminas.

Tofu pad thai

tofu firme
400 g

fideos soba
400 g

 listo en 10 minutos

 6 minutos de cocción

 para 4 personas

minimazorcas de maíz
400 g, de lata

salsa pad thai
180 ml

col lombarda
× ¼

cacahuetes
50 g

○ Cueza los fideos según las instrucciones del envase.

○ Tueste los cacahuetes bajo el gratinador 2 minutos. Resérvelos. Corte la col en tiras. Corte el tofu en dados y rehóguelo 3 minutos a fuego medio en una sartén con un poco de aceite. Resérvelo.

○ Escurra las mazorcas y rehóguelas a fuego medio 1 minuto en la sartén con un poco de aceite.

○ Caliente la salsa pad thai en la sartén. Añada los fideos, la col, el tofu, las mazorcas y los cacahuetes.

Fideos con salteado de tofu

 listo en 10 minutos

 4 minutos de cocción

 para 4 personas

tofu ahumado
250 g

pimientos rojos
250 g

○ Corte los pimientos en tiras, la cebolla en láminas y el tofu en dados. Cueza los fideos según las instrucciones del envase.

cebolla
× 1

fideos de arroz
400 g

○ Saltee el pimiento y la cebolla a fuego medio en el wok untado con aceite 5 minutos. Añada la salsa de soja y los fideos.

○ Por separado, rehogue el tofu a fuego medio en una sartén con un poco de aceite durante 4 minutos. Resérvelo.

○ Sirva las hortalizas y los fideos con el tofu y las cebollas tiernas en rodajitas.

salsa de soja
4 cucharadas

cebollas tiernas
× 2

HAMBURGUESAS

Bocadillo de tofu empanado

 listo en 15 minutos

 5 minutos de cocción

 para 4 personas

panecillos
× 4

pan rallado
4 cucharadas

○ Corte el tofu en 8 láminas finas. Corte el pepino en cintas y deseche las semillas.

tofu firme
300 g

aceite de girasol
2 cucharadas

○ Reboce el tofu en el pan rallado y dórelo en el aceite 2 o 3 minutos por cada lado.

○ Tueste ligeramente el pan y monte los bocadillos con la mayonesa, el pepino y el tofu.

mayonesa vegana
4 cucharadas

pepino
× ¼

Tofu con salsa de soja

 listo en 10 minutos

 10 minutos de cocción

 para 2 personas

panecillos
× 2

tofu
125 g

zanahorias
× 2 pequeñas

calabacín
× 1 mediano

ajo
× 2 dientes

salsa de soja dulce
3 cucharadas

○ Precaliente el horno a 180 °C. Corte las hortalizas en juliana. Prense el ajo. Salpimiente el tofu.

○ Caliente un poco de aceite y dore el tofu 2 o 3 minutos por cada lado. En la misma sartén, añada un poco de aceite y rehogue a fuego fuerte 2 o 3 minutos la juliana de verduras con el ajo y la salsa de soja. Debe quedar crujiente.

○ Abra los panecillos por la mitad y caliéntelos en el horno 5 minutos.

○ Reparta entre los panecillos la juliana de verduras y el tofu. Cierre los bocadillos.

Hamburguesa de remolacha

 listo en 15 minutos
30 minutos de reposo

 8 minutos de cocción

 para 4 personas

tofu firme
130 g

quinoa
150 g

remolacha cruda
× ½

cebolla roja
× 1

harina
70 g

pipas de girasol
40 g

○ Cueza la quinoa según las instrucciones del envase. Escúrrala bien. Pele la remolacha y rállela.

○ Triture 2 minutos la remolacha con el tofu, las pipas y la cebolla cortada en láminas. Añada la quinoa cocida y la harina, y salpimiente. Tritúrelo para mezclarlo todo bien. Reserve la pasta 30 minutos en la nevera.

○ Forme de 6 a 8 pequeñas hamburguesas con la pasta.

○ Caliente a fuego medio una sartén con un poco de aceite y dore las hamburguesas 3 o 4 minutos por cada lado.

Hamburguesa aromática

 listo en 10 minutos

 8 minutos de cocción

 para 4 personas

tofu ahumado
150 g

frijoles rojos cocidos
500 g

○ Triture las judías escurridas con el tofu, el tomillo, los copos de avena y la pimienta hasta obtener una pasta.

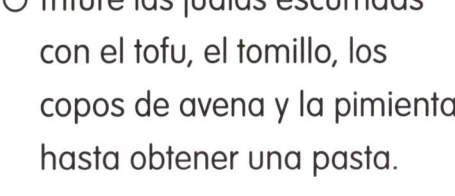

○ Añada los piñones. Tritúrelo 2 o 3 segundos para mezclarlo todo bien.

tomillo seco
2 cucharadas

copos de avena
180 g

○ Forme 4 hamburguesas.

○ Caliente a fuego medio una sartén con un poco de aceite y dore las hamburguesas 3 o 4 minutos por cada lado.

pimienta molida
½ cucharadita

piñones
30 g

Burger de aguacate al piri piri

 listo en 15 minutos

 4 minutos de cocción

 para 4 personas

tofu firme
450 g

panecillos redondos
× 4

aguacate
× 1

salsa piri piri
1 cucharadita

limas
× 2

cilantro fresco
× ½ ramito

○ Mezcle la salsa piri piri con el zumo de las dos limas. Corte el tofu en 4 lonchas, úntelas con la marinada y déjelas reposar 1 hora en la nevera.

○ Rehogue los filetes de tofu a fuego medio en una sartén con un poco de aceite, 2 minutos por cada lado.

○ Pele el aguacate y córtelo en láminas.

○ Abra los panecillos por la mitad y tuéstelos bajo el gratinador 2 minutos. Ponga dentro de cada uno un filete de tofu y reparta el aguacate y las hojas del cilantro.

Boniato y judías

 listo en 15 minutos

 1 hora de cocción

 para 2 personas

panecillos
× 2

boniato
300 g

judías rojas cocidas
125 g

caviar de berenjena
4 cucharadas

pan rallado
2 cucharadas

lechuga hoja de roble
4 hojas

○ Precaliente el horno a 200 °C. Ase 50 minutos en el horno el boniato envuelto en papel de aluminio. Pélelo, cháfelo con un tenedor y mézclelo con las judías escurridas y el pan rallado. Salpimiente. Forme dos hamburguesas con las manos. Caliente un cho-rrito de aceite y dórelas 2 o 3 minutos por cada lado.

○ Abra los panecillos por la mitad y caliéntelos en el horno 5 minutos a 180 °C.

○ Unte los panecillos con caviar de berenjena, coloque las hamburguesas y reparta la lechuga. Cierre los bocadillos.

Verduras con salsa piccalilli

 listo en 5 minutos

 15 minutos de cocción

 para 2 personas

panecillos
× 2

tortitas de verduras
congeladas × 4

salsa piccalilli
2 cucharadas

tomates
× 2 medianos

lechuga batavia
× 2 hojas

cheddar vegano
× 2 lonchas

○ Abra los panecillos por la mitad y corte los tomates en rodajas.

○ Caliente en el horno las tortitas de verduras según las instrucciones del envase. A continuación, caliente los panecillos 3 minutos. Coloque el queso vegano en la parte de abajo y derrítalo en el horno 2 minutos.

○ Unte los panecillos con la salsa piccalilli, coloque las tortitas y reparta el tomate y la lechuga. Cierre los bocadillos.

Lentejas y guacamole

 listo en 15 minutos

 22 minutos de cocción

 para 2 personas

panecillos de semillas
× 2 pequeños

lentejas rojas
75 g

zanahoria
× 1

pan rallado
2 cucharadas

guacamole
4 cucharadas

cilantro
× ¼ de manojo

○ Eche las lentejas en agua hirviendo y cuézalas 12 minutos. Escúrralas presionando con el dorso de una cuchara. Ralle la zanahoria. Mézclela con las lentejas, añada el pan rallado y salpimiente. Forme dos hamburguesas con las manos.

○ Precaliente el horno a 180 °C. Abra los panecillos y caliéntelos en el horno 5 minutos.

○ Dore las hamburguesas en un chorrito de aceite 3 o 4 minutos por cada lado.

○ Ponga las hamburguesas en los panecillos y reparta el guacamole y el cilantro.

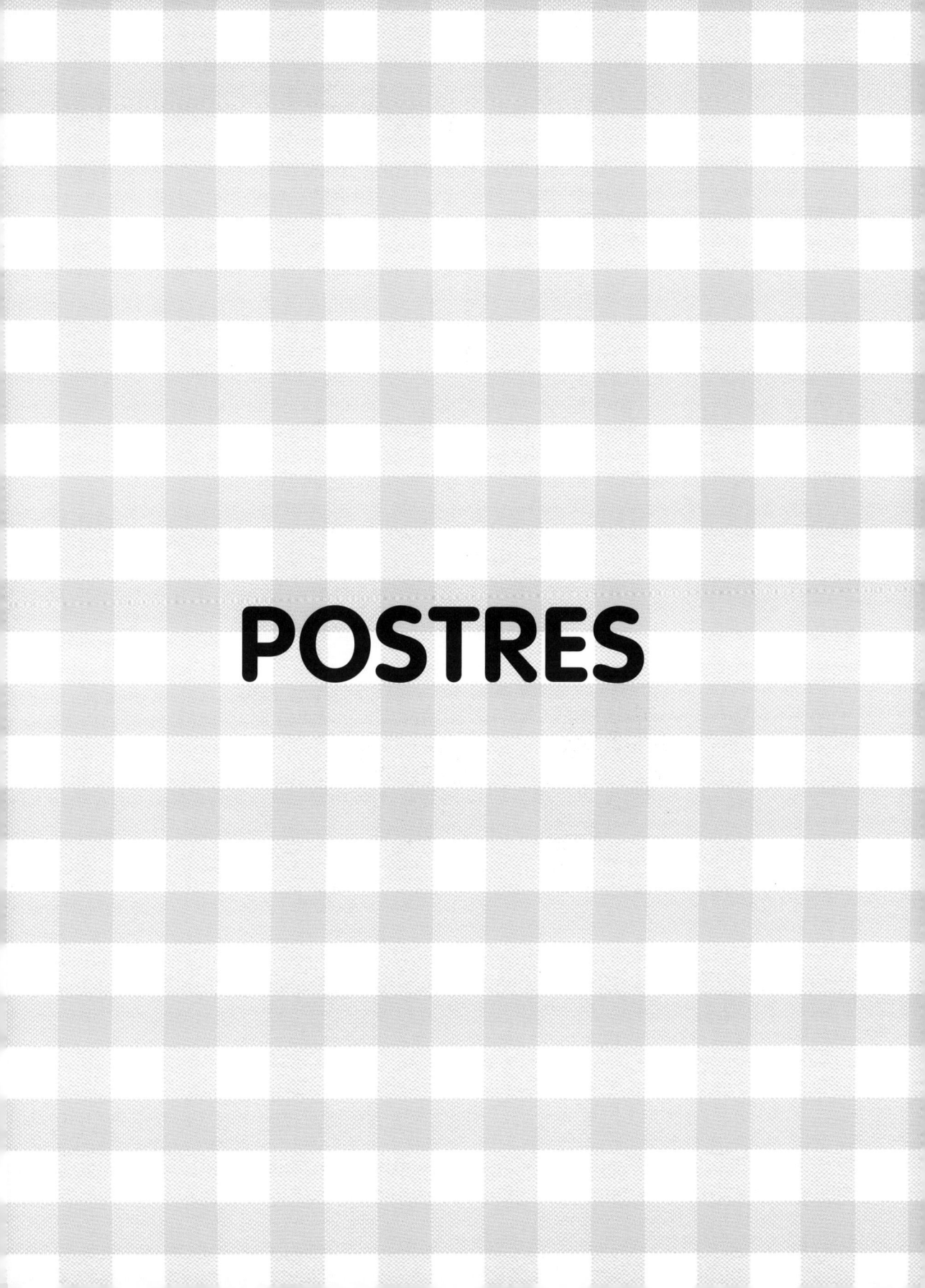

POSTRES

Pastel de plátano al vapor

 listo en 10 minutos

 15 minutos de cocción

 para 6 personas

plátanos
500 g, no muy maduros

leche de coco
350 ml

harina de arroz
55 g

azúcar moreno
95 g

sésamo tostado
1 cucharada

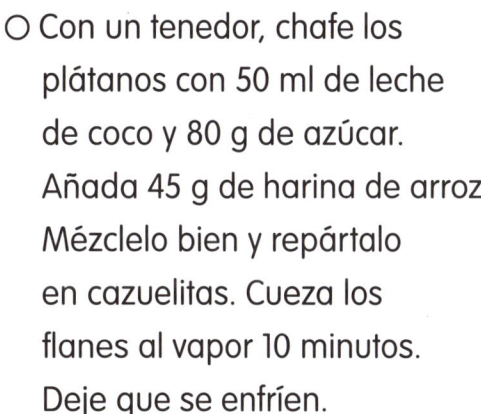

○ Con un tenedor, chafe los plátanos con 50 ml de leche de coco y 80 g de azúcar. Añada 45 g de harina de arroz. Mézclelo bien y repártalo en cazuelitas. Cueza los flanes al vapor 10 minutos. Deje que se enfríen.

○ Caliente 300 ml de leche de coco con una pizca de sal y el resto del azúcar y de la harina. Bátalo con las varillas hasta que se espese.

○ Vierta la crema sobre los flanes fríos. Esparza el sésamo por encima.

Arroz glutinoso al coco y mango

 listo en 5 minutos

 5 minutos de cocción
20 minutos de reposo

 para 4 personas

arroz glutinoso cocido
400 g

crema de coco
200 ml

azúcar de palma
80 g

mangos maduros
× 2

○ En un cazo, disuelva a fuego lento el azúcar en la crema de coco con una pizca de sal, sin dejar que llegue a hervir.

○ Cuando el arroz esté hecho, páselo a un recipiente. Vierta la leche de coco poco a poco, sin dejar de remover. Déjelo reposar 20 minutos a temperatura ambiente. El arroz debe absorber todo el líquido.

○ Corte el mango en trozos y sírvalo con el arroz.

○ Si lo desea, esparza por encima un poco de sésamo tostado.

Tapioca con plátano y coco

 listo en 10 minutos

 30 minutos de cocción

 para 4 personas

tapioca
70 g

leche de coco
400 ml

○ Caliente agua hasta que esté a punto de hervir. Cueza la tapioca 5 minutos. Apague el fuego y deje que se enfríe.

○ Corte el plátano en rodajas y cuézalo en 250 ml de agua con el azúcar de palma 15 minutos.

plátano macho
× 1, maduro

azúcar de palma
100 g

○ Escurra la tapioca. Échela en el cazo del plátano y añada la leche de coco. Prolongue la cocción 10 minutos.

○ Sírvalo tibio, con el sésamo esparcido por encima.

sésamo tostado
× 1 cucharada

Galletas de almendra

 listo en 15 minutos

 14 minutos de cocción

 para 4 personas

tofu sedoso
120 g

harina
150 g

almendra molida
50 g

azúcar
80 g

aceite de coco
40 g

crema de almendra
50 g

○ Precaliente el horno a 220 °C. Mezcle la harina con la almendra molida y el azúcar.

○ En el robot de cocina, trabaje el tofu con el aceite de coco y la crema de almendra. Añada los ingredientes secos y amáselo hasta que se formen migas.

○ Extienda la masa en la bandeja del horno forrada con papel vegetal y presiónela para obtener una placa de 2 cm de grosor.

○ Corte las galletas con un cortapastas de 5 cm de diámetro y hornéelas 14 minutos.

Gofres

 listo en 15 minutos

 25 minutos de cocción

 para 4 personas

tofu sedoso
340 g

harina
130 g

azúcar avainillado
3 cucharadas

levadura química
1 cucharadita

aceite de coco fundido
50 ml

○ Precaliente la gofrera.

○ Triture el tofu con 120 ml
de agua. Poco a poco y sin
dejar de triturar, incorpore
el aceite de coco.

○ En un bol, mezcle la harina
con el azúcar avainillado y la
levadura. Vierta la preparación
de tofu sobre los ingredientes
secos y mezcle bien.

○ Vierta un cucharón de
la pasta en la gofrera y
dore el gofre según las
instrucciones del aparato.

Helado de plátano

 listo en 5 minutos

 **25 minutos de cocción
2 horas de reposo**

 para 4 personas

nueces de macadamia
70 g

plátanos muy maduros
× 4

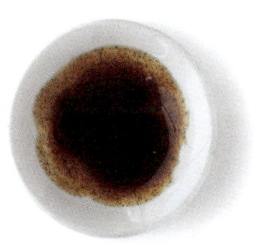

pasta de vainilla
10 g

○ Pele los plátanos, trocéelos y déjelos 2 horas, o toda una noche, en el congelador. Precaliente el horno a 200 °C. Tueste las nueces 10 minutos, hasta que se doren.

○ Triture los plátanos congelados con la pasta de vainilla en la batidora hasta obtener una crema espesa. Añada las nueces de macadamia y tritúrelo un poco más.

○ Sírvalo enseguida o déjelo en el congelador de 1 a 2 horas para obtener una textura más consistente.

Brownie de boniato

 listo en 15 minutos

 30 minutos de cocción

 para 10 porciones

boniatos
700 g

cacao en polvo
40 g

harina
130 g

crema de coco
125 ml

sirope de arce
80 ml

○ Pele los boniatos y córtelos en daditos. Precaliente el horno a 180 °C. Hornee los boniatos 10 minutos, o hasta que estén tiernos.

○ Tritúrelos con el resto de los ingredientes y media cucharadita de sal hasta obtener una textura lisa.

○ Vierta la pasta en un molde de 23 cm forrado con papel vegetal y hornee el brownie 20 minutos. Deje que se enfríe. Espolvoree cacao por encima y córtelo en cuadrados.

Tartaletas de chocolate

pacanas
180 g

aceite de coco
40 ml

listo en 15 minutos
1 hora de reposo

30 minutos de cocción

para 10 porciones

sirope de arce
20 ml

aguacate
× ½

chocolate sin lactosa
80 g

○ Forre con papel vegetal
8 moldes para minimagdalenas.

○ En el robot de cocina, pique
las pacanas. Añada el
aceite de coco derretido,
media cucharadita de sal y
1 cucharada de sirope de arce
y tritúrelo. Reparta la pasta en
los moldes, apretando bien
por el fondo y los bordes.

○ Triture el resto de los
ingredientes con un cuarto
de cucharadita de sal hasta
obtener una textura lisa. Rellene
las tartaletas y déjelas en la
nevera 1 hora antes de servirlas.

Crumble de quinoa y ruibarbo

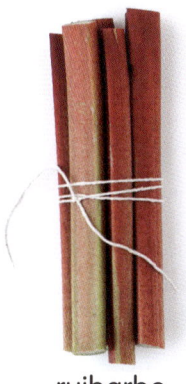

ruibarbo
1 kg

azúcar de flor de coco
300 g

aceite de coco
110 ml

copos de quinoa
200 g

nueces
100 g

 listo en 5 minutos

 35 minutos de cocción

 para 6 porciones

○ Pele el ruibarbo y córtelo en trozos de 6 cm. Derrita el aceite de coco. Trocee las nueces.

○ Ponga el ruibarbo en una olla con 200 g de azúcar y 180 ml de agua. Cuézalo 15 minutos a fuego lento, tapado. Páselo a una fuente.

○ Precaliente el horno a 200 °C. Mezcle los copos de quinoa con el aceite, las nueces, el resto delazúcar y media cucharadita de sal. Repártalo sobre el ruibarbo y hornee el crumble 20 minutos, hasta que esté dorado.

¿Qué hacer con...?

Este libro es una compilación de los siguientes títulos:
Ensaladas, Curris, Cocina energética, Tofu, Cocina vegana, Platos únicos, Verduras, Hamburguesas, Pasta mágica, Cocina Tailandesa, En 10 minutos, Casi vegetariano

Títulos originales:
Salade Super Facile, Apéro Super Facile, Curry Super Facile, Énergie Super Facile, Tofu Super Facile, Vegan Super Facile, Un Plat Super Facile, Légume Super Facile, Burger Super Facile, Pasta magique Super Facile, Thaï Super Facile, Vite prêt 10 min Super Facile, Presque végétarien Super Facile

© 2025 Librero b.v. (edición española)
www.librero.nl

© Hachette Livre (Marabout), 2016, 2017

Fotografía de los ingredientes: © Elisa Watson, Audrey Fitzjohn, Charlotte Lascève, Richard Boutin, Akido Ida, Rebecca Genet, Valéry Guédès
Fotografías introductorias de los capítulos: © iStockphoto.com/Nastco

Ilustraciones de la cubierta:
Espiga de trigo © Shutterstock.com/nik_nadal
Símbolo vegano © iStockphoto.com/voinSveta
Tofu y rábano © Hachette Livre (Marabout)

Producción de la edición española:
Tanja Timmerman vertaling & redactie
Traducción y maquetación: smarted

Distribución exclusiva de la edición española:
LIBRERO IBP
C/ Paseo de los Olmos, n.º 20
Planta 1.ª, Oficina 7
28005 MADRID
www.librero-ibp.es

ISBN: 978-94-6499-087-4

Printed by GPS Group